Bernd Nagel

Selbstauskünfte

Bernd Nagel

Selbstauskünfte

Vorträge - Essays - Notizen

Fromm Verlag

Cover image: www.ingimage.com

Publisher:
Fromm Verlag
is a trademark of
International Book Market Service Ltd., member of OmniScriptum Publishing Group
17 Meldrum Street, Beau Bassin 71504, Mauritius
Printed at: see last page
ISBN: 978-613-8-37281-3

Bernd Nagel

Selbstauskünfte

Vorträge – Essays - Notizen

Inhalt

I.Das Selbst in riskanter Gesellschaft

Auf dem Weg in die seelenlose Gesellschaft? Seelsorge als Aufgabe der Kirche vor Ort
(Vortrag beim Jahresempfang eines hessischen Kirchenbezirks im November 2014)

„Es war einmal ein Mensch mit Namen Schlemihl; den sprach einst einer an, ob er ihm nicht seinen Schatten verkauft; er wär alsbald ein reicher Mann."
Meine Damen und Herren, werte Gäste, dieses Lied der Folk-Gruppe *Ougenweide*, das auf eine Geschichte des Dichters Adelbert von Chamisso aus dem Jahr 1813 zurückgeht, hat mich als Jugendlicher sehr beeindruckt. Peter Schlemihl braucht nicht lange für seine Entscheidung: *Nach kurzem Bedenken willigt er ein und bekam einen Beutel zum Lohn. „Dies Säcklein, das wird niemals leer", sprach der düstre Schattenkäufer voll Hohn.* Schlemihl ist zufrieden: *„Ja, ich denk, ich tat einen guten Tausch", sagt sich unser Schlemihl alsdann. „Ich kauf mir Schloss und Gut und Hof; was fang ich schon mit einem Schatten an."* Sehr modern gedacht: Ressourcen, die scheinbar unerschöpflich sind; Wohlstand, der grenzenlos wächst; die Zugehörigkeit zur Hochfinanz mit sicherem Raum zur Spekulation; die Teilhabe am ungebrochenen Konsum – was fängt man dagegen mit einem Schatten an?
Nun ist aber, was der tragische Held der Geschichte wohl nicht wusste, aber bald erfahren musste, in der mythologischen Vorstellung vieler Kulturen der Schatten ein Begriff für das Spiegelbild der Seele. Er gilt als lebenswichtiger Bestandteil, der zum Wesen eines Menschen gehört, der ihm nachfolgt und ihm vergleichbar mit dem ausströmenden Atem körperlich anhaftet.
Peter Schlemihl zieht in ein anderes Land, wo er sich seine materiellen Wünsche erfüllt und wo er heiraten möchte. Die Geliebte nimmt sich mehr Bedenkzeit, drei Tage, und als sie sich wiedersehen, nimmt das Drama seinen Lauf: *Die Sonne, sie schien auf seine Gestalt, und ohne Schatten stand er da. „Niemals nehme zum Manne ich dich; ohne Schatten bist du auch der Seele bar."* Nach diesem Ereignis verschwindet Peter Schlemihl von der Bildfläche. Er musste erkennen, dass der Verkauf der Seele zum Verlust gemeinschaftlichen Lebens führt. Oder anders: Ohne Gemeinschaft verkümmert die Menschenseele; denn der Mensch ist ein soziales Wesen. *„Was hülfe es also dem Menschen, wenn er die ganze Welt gewönne und nähme doch Schaden an seiner Seele"*, sagt das Matthäusevangelium im 16.Kapitel.

„Auf dem Weg in die seelenlose Gesellschaft?" lautet die Frage, die mir für diesen Vortrag gestellt ist. Meine Beobachtung ist, dass wir gegenwärtig auf dem Weg sind, die Seele wiederzuentdecken. Immer mehr Menschen suchen den Weg *heraus* aus der seelenlosen Gesellschaft.

Seit einiger Zeit begleite ich einen Mann mittleren Alters. Er fühlt sich psychisch angeschlagen, bezeichnet sich als nicht besonders religiös, macht sich aber Sorgen um seine Seele. Er arbeitet in einer Firma in guter Position mit entsprechendem Einkommen. Aber er klagt über Unzufriedenheit, fühlt sich gestresst, gesundheitlich geht es ihm zunehmend schlechter, wie er sagt. Er empfindet sich als isoliert, weil das Übermaß an Arbeit und der Zwang zur dauernden Erreichbarkeit die Energie für Freizeitkontakte raubt. Selbst bei unseren Gesprächen meint er, online sein zu müssen.

In meinem Raum inszeniert er sein Thema –das Getrieben-sein von Anforderungen, das Gestalt gewinnt in seinem Gerät, mit dem er telefonieren kann und Mails schreiben und Bilder machen und ins Internet gehen… Es war ein bisschen mühsam, aber ein erster Schritt, das Gerät 60 Minuten unbeachtet zu lassen, eine *Grenze* zu akzeptieren; denn sein Problem ist die Angst vor dem Abstieg, wenn er die Leistung nicht bringt. Er sieht ja, wie die Schere zwischen reich und arm immer weiter auseinandergeht; da will er nicht zu den „Verlierern" gehören. Aber er will auch nicht weiterleben in der eingezäunten Siedlung mit dem Zittern um seine Geldanlagen. Er hat Angst um seine Seele, sagt er.

Was ist überhaupt unter der Seele zu verstehen?
„Seele" ist ein Wort, das sich der genauen Begrifflichkeit entzieht, dem eine gewisse Unbestimmbarkeit anhaftet. Ich kann in der Kürze der Zeit nun die Begriffsgeschichte nicht nachzeichnen. Als Theologe und Seelsorger beziehe ich mich auf die biblische Anthropologie, die übrigens, bezogen auf den Seelenbegriff, auch Wiederhall gefunden hat in den Human- und Sozialwissenschaften. Demnach geht es bei der Seele um das „Selbst" des Menschen. Sie ist nicht etwas *am* Menschen oder *im* Menschen, sondern dieser *selbst.* Im biblischen Schöpfungsbericht mit seiner reichen Symbolsprache wird die Seele mit dem hebräischen Wort *„näfäsch"* bezeichnet, was auch „Kehle" heißen kann, und damit der Mensch als ein begehrendes und bedürftiges Wesen charakterisiert. Durch die Kehle nehmen wir auf, was wir zum Leben brauchen – Nahrung, Sauerstoff. Im 1.Buch Mose heißt es: *„Und Gott machte den Menschen aus Erde und blies ihm den Odem des Lebens in die Nase. So ward der Mensch eine lebendige Seele."* So kann man es glauben oder nicht. Gesagt ist auf alle Fälle, dass der Mensch nicht eine Seele *hat,* sondern Seele *ist,* dass es also um das Selbst des Menschen geht, wenn von der Seele die Rede ist. Und gesagt ist, dass der Mensch, als lebendige Seele begriffen, in Bezogenheit auf Gott existiert. Er (oder sie) ist es, die lebendig macht. *Seele* meint den Menschen in seiner Tiefe. Nicht zufällig taucht die Seele in der Bibel besonders häufig *da* auf, wo dem Menschen ein Erlebnis widerfährt, das er in seiner Tragweite nicht genau erfassen kann und er sich an Gott wendet und von sich als „Seele" spricht. *„Meine Seele ruft zu dir, Gott"*, heißt es in den Psalmen. Oder mit einem adventlichen Text aus dem Lukasevangelium, dem Lobgesang Marias: *„Meine Seele erhebt den Herrn, und mein Geist freut sich Gottes."*
Die *Seelsorge*, also die Sorge um den ganzen Menschen als Seele, wäre demnach die unterstützende Begleitung eines Menschen in seiner Suche und auf dem Weg zum Selbst-Sein. Dieser Weg gründet in dem Bedürfnis, das wesenhaft zum Menschen gehört, vom „sujet", wie Michel Foucault sagt, vom Gegenstand zum Subjekt zu werden. Seelsorge hat ihren Ort in Lebenssituationen, die aus dem Rahmen der Alltagsroutine herausfallen, in Grenzsituationen, in Übergängen, die leidvoll oder glücklich erlebt werden. In aller Regel hat es die Seelsorge mit der Wirklichkeit beschädigten Lebens zu tun und ihr Auftrag ist die Vermittlung von stärkendem Zuspruch und Lebensvergewisserung auf der Grundlage des christlichen Glaubens. In diesem Sinne geht es ihr in den Konfliktfällen des Lebens weniger darum, Anpassung und Funktionieren nach allgemeinen Maßstäben wiederherzustellen, sondern den Weg zum Selbst-Sein zu unterstützen. Unter Bezug auf die normkritische Perspektive Jesu

kann Seelsorge zu Veränderung befreien. In seiner Seelsorge sucht Jesus Menschen in ihrem Lebenshorizont auf und überwindet Ausgrenzung, bricht mit lebensfeindlichen Konventionen und verknüpft sein Handeln mit einer sozialen Utopie.

Was wir bislang über die Seele des Einzelnen gesagt haben, gilt auch für die Seele der Gesellschaft – danach fragt ja der Titel des Vortrags. Vielleicht haben Sie beim Lesen gestutzt: Gibt es überhaupt so etwas wie die Seele einer Gesellschaft? Nun, immerhin sprechen wir davon, dass die *Volksseele* kochen und sich vielleicht auch wieder beruhigen kann. Seit Sigmund Freuds Studie zu „Massenpsychologie und Ich-Analyse“ aus dem Jahr 1921 ist deutlich, wie die Seele des Individuums in eine Kollektivseele eingereiht ist – 1967 aufgenommen und weiter geführt von Margarete und Alexander Mitscherlich, die in der „Unfähigkeit zu trauern“ die seelische Uniformierung der Masse analytisch untersuchen.
Es gibt sie, die Seele der Gesellschaft, und entsprechend hat der Arzt und Psychotherapeut Till Bastian vor zwei Jahren ein Buch mit dem mit unserem Thema identischen Titel „Die seelenlose Gesellschaft“ vorgelegt. Bastian zeichnet die gesellschaftliche Entwicklung nach und spricht von ‚moderner Seelenverdrossenheit‘. Kein Platz sei mehr für die innere Stimme. Der Alltag mit seinen vielen Katastrophenmeldungen unterminiere die Widerstandskraft der Seele. Eine von Kunstwelten, Konsumdiktat, Technisierung, permanentem Entscheidungsdruck und immenser Datenflut bestimmtes Leben verhindere die Möglichkeit zum Innehalten. Dabei sei die Welt nicht nur das, was der Fall ist, wie Ludwig Wittgenstein sagt, sondern auch das, was der Fall sein könnte, das Reich der Möglichkeiten, das in der Seele seinen Speicher habe. Unter den gegenwärtigen Bedingungen aber verkümmere die Seele, gehe verloren.
Der Berliner Politikwissenschaftler Elmar Altvater spricht vom Erdzeitalter des Kapitals, dem „Kapitalozän“ und verweist auf die Rede des google-Chefingenieurs Ray Kurzweil, der uns als „Menschheit 2.0“ tituliert. Der Übergang in das neue Erdzeitalter sei unter anderem darin gekennzeichnet, dass die Rationalität des Denkens und Handelns nicht mehr holistisch, auf das Ganze bezogen ist, sondern partiell darauf ausgelegt, Mittel und Zweck ins Verhältnis zu setzen – da ist für das Seelenleben kein Platz mehr.

Wer sich fragt, wie es eigentlich zu diesem Seelenverlust gekommen ist, findet eine aufschlussreiche Analyse bei dem 2011 verstorbenen Gießener Psychoanalytiker und Sozialtherapeuten Horst Eberhard Richter in seinem 1979 veröffentlichten Buch „Der Gotteskomplex“. Für unseren Zusammenhang ist seine Herleitung interessant. Ähnlich dem frühen kindlichen Misstrauen gegenüber den Eltern aus Angst vor einem Mangel an Schutz und Sicherheit, das zu einem Wunsch nach totaler *eigener* Kontrolle der Situation führe, sei das Verhalten der Menschen zu Beginn der Neuzeit, wo sich ein wachsendes Misstrauen gegenüber Gott eingestellt habe, in dem schließlich Gott durch den Menschen ersetzt wurde. In einer aus endlosem Sicherheitsbedürfnis entstandenen Allmachtsphantasie sei letztlich der Mensch sein eigener Gott geworden. Auch damit geht „Seele“ verloren; denken Sie daran, dass ich gesagt habe, die Seele, der Mensch in seinem Selbst existiere auf Gott bezogen.

Mit diesen skizzierten Zusammenhängen sind wir auf den Weg in die seelenlose Gesellschaft geraten. Aktuell aber, das ist meine ermutigende These, wird parallel und unbeirrt von vielen Menschen der Weg in eine andere Richtung beschritten. Dazu ein paar Belege:
-Vor einigen Tagen hat die Politikwissenschaftlerin Ute Scheub in einem umfangreichen Zeitungsbeitrag von ihrem „strategischen Optimismus" gesprochen und auf die vielen Bewegungen hingewiesen, in denen Menschen ein neues Verhältnis zum Besitz entwickeln. „share economy", Tauschringe, Nachbarschaftshilfen, Gemeinwohlbilanzen einzelner Unternehmen, Gemeingüterprojekte, Repair-Cafés, Kooperationsmodelle lokaler Unternehmen und die Degrowth-Initiativen stehen dafür, dass Menschen weg wollen von der Einzelkämpfergesellschaft, der Profitmaximierung und dem unbegrenzten Konsum.
-Ein zweites Schlaglicht wirft das kürzlich erschienene *konvivialistische Manifest*, mit dem eine große Anzahl von Philosophen, Soziologen und Sozialpsychologen unter der Federführung des Franzosen Serge Latouche für eine neue Kunst des Zusammenlebens plädieren. Hier wird ausdrücklich die religiös- spirituelle Dimension des Lebens als Ressource für die Wiedergewinnung der Gesellschaftsseele apostrophiert.
-Als dritter Beleg sei der Befund des Soziologen Werner Vogd von der Uni Witten genannt. Dieser sagt aus, dass menschliche Gesellschaften die Rolle des Seelsorgenden brauchen. Sie biete etwas, was in der Gesellschaft selten geworden –oft abgelehnt und mit Abwehrmechanismen bekämpft, weil als bedrohlich empfunden, aber dringend nötig sei:

- Ein Raum zur Begegnung, wo nicht vorschnell die Kommunikation durch dogmatische Aussagen abgeschlossen wird, sondern eine mitfühlende Haltung dem Ungewissen, dem kaum Auszuhaltenden Zeit gibt, ohne vorschnell Antworten zu geben.
- Eine Begleitung, die keine festen Wahrheiten anbietet, sondern Möglichkeiten, innerhalb derer das Individuum Sinn konstruieren kann, die gerade auch Zweifel und Verzweiflung zulässt.
- Ein Mitgehen, das die transzendente Dimension einbringt und sich im Raum von Problemen bewegt, die so tief sind, dass sie eben nicht mehr durch Menschen heilbar oder bearbeitbar erscheinen und dennoch Spuren für ein Weiterleben legen kann.

Ich füge den namhaften Referenzen für meine These eine eigene Beobachtung an. Ich stelle fest, dass das Zentrum Seelsorge und Beratung, in dem ich arbeite, zunehmend von Menschen aufgesucht wird, die an der seelenlosen Gesellschaft leiden und die vor allem religiöse Fragen stellen, weil sie sich Sorgen um ihre Seele machen. Ein Beispiel habe ich eingangs erwähnt. Diese Menschen zeigen mir, dass Einzelne wie die Gesellschaft der Seelenlosigkeit entrinnen wollen. Ich denke zurück an meine Tätigkeit als Notfallseelsorger hier im Landkreis. Wie ist denn die Einrichtung der Notfall-seelsorge entstanden? Ein Grund war, dass sich Angehörige der Rettungskette, Feuerwehrleute, Ärztinnen, Sanitäter, Polizistinnen in ihrer Arbeit gewahr wurden, dass der vom Unglück betroffene Mensch mehr ist als sein Körper. Und dann haben sie die Kirche angesprochen und herausgefordert – die Seele wurde wiederentdeckt.

Die Kirche begleitet und unterstützt den Weg heraus aus der seelenlosen Gesellschaft. In kritischer Betrachtung will ich nicht verschweigen, dass auch die kirchliche Gemeinschaft oft seelenlos ist. Wo sie den Mechanismen des Kapitals Präferenz gibt und marktförmig agiert, steht sie in der Gefahr, ihre Seele zu verkaufen. Aber etwa in ihrem diakonischen Engagement und in der Seelsorge geht sie deutlich andere Wege. Die Seelsorge in der Kirchengemeinde vor Ort wird in der Landeskirche ergänzt durch mehr als 300 Pfarrstellen in Kliniken und Hospizen, in der Alten- und Gefängnis-seelsorge, in der Flughafen-, der Telefon-, der Behinderten-, der Polizei- und der Notfallseelsorge, nicht zu vergessen die Schulseelsorge und die Seelsorge mit Flüchtlingen. Ganz wichtig zu nennen ist das Engagement von Ehrenamtlichen in der Seelsorge, die in Kirchengemeinden und in Einrichtungen wirken.

Der Weg führt heraus aus einer seelenlosen Gesellschaft, wenn das *Wachstum*sdiktat mit seiner ungeduldigen Gehorsamsforderung überschritten und das Bewusstsein für die *Grenze* vertieft wird. Das Thema „Grenze“ ist ein entscheidendes, den Rahmen des Vortrags würde es sprengen. Deshalb begrenze ich mich und weise nur darauf hin, dass wir uns gerade heute an diesem Tag auf einer Grenze von Ende und Anfang bewegen – 1.Advent. Dieser Tag markiert den Beginn eines neuen Kirchenjahres. Wer heute einen Gottesdienst erlebt hat, wurde an die Geschichte vom Einzug Jesu in Jerusalem erinnert. Eine anstößige Erzählung, in der Jesus zwei Jünger auffordert, ihm eine Eselin zu bringen, die ihm gar nicht gehört. Grenzen des Besitzstandes werden hier verschoben –im Sinne der „Commons“, der Gemeingüter, um der Grenzen menschlicher Möglichkeiten gewahr zu machen.
Achten Sie in dieser Adventszeit auf sich, das heißt: auf Ihre Seele. Advent ist eine Zeit der Besinnung oder des Innehaltens, das die Seele so nötig braucht. Ich wünsche Ihnen die Entscheidung dazu.

Quellen

Altvater Elmar, Dunkle Sonne-im Erdzeitalter des Kapitals, in: Le Monde diplomatique, November 2014

Bastian Till, Die seelenlose Gesellschaft, München 2012

Foucault Michel, Die Sorge um sich, Sexualität und Wahrheit, Bd.3, Frankfurt 1986

Freud Sigmund, Massenpsychologie und Ich-Analyse, Studienausgabe Bd. IX, Frankfurt 1974

Les Convivialistes Das konvivialistische Manifest, Bielefeld 2014

Mitscherlich Alexander u.Margarete, Die Unfähigkeit zu trauern, München 1967

Richter Horst Eberhard, Der Gotteskomplex, Hamburg 1979

Scheub Ute, Strategischer Optimismus, in: TAZ.Die Tageszeitung, 24.November 2014, S.15f.

Vogd Werner, Seele, Sorge, Seelsorge. Soziologische und anthropologische Überlegungen zur Seinsvergessenheit in unserer Gesellschaft, in: Wege zum Menschen, 2/2014, S.141ff.

Die Bedeutung der Religion an den Grenzen des Lebens

(Vortrag beim Hospizforum Wetzlar im Oktober 2016 mit Schwerpunkt kultursensibler Fürsorge)

Die Begleitung des Mitmenschen in seiner Bedürftigkeit, Not und Freude, die Sorge um den Nächsten ist ein Anliegen, das alle Religionen kennen. Eine zunehmend interreligiös und interkulturell geprägte Gesellschaft erfordert geradezu den sensiblen Umgang miteinander. Dabei stehen wir oft einander gegenüber als Fremde und begegnen Fremdem, was aber ohnehin zur Grundbestimmung religiöser Menschen gehört. Zumindest die Menschen in christlichen Zusammenhängen werden im Neuen Testament ‚Paroikes' genannt, das sind die, die im Gegensatz zum Bürger mit ständigem Wohnsitz den Aufenthalt als Fremde gestalten.
„Die Bedeutung der Religion an den Grenzen des Lebens", lautet mein Thema. Und ich erlaube mir nach dem eben Gesagten einen vielleicht etwas fremden Zugang.

I.Die Beginen des 12.Jahrhunderts

In den zurückliegenden Wochen habe ich mich mit alternativen Sozialformen beschäftigt und bin dabei auf die sog. „Beginen" gestoßen. Frauen aus unterschiedlichen sozialen Schichten finden sich so etwa ab dem 12.Jahrhundert aus vielfacher Motivation heraus zusammen und gründen Gemeinschaften in freier Organisation und wirtschaftlich unabhängig. Sie wollten ihre Frömmigkeit, ihre christliche Gesinnung in überzeugender Weise leben, ohne sich einem Orden anzuschließen oder einer kirchlichen Hierarchie unterzuordnen. Gebildete Frauen, die den Grundstein legten für eine Bewegung, die etwa 400 Jahre bestand und in ihrer Lebensform auch ein Protest gegen die Männerdominanz in Kirche und Gesellschaft war. Ausgehend von Belgien über die Niederlande, Frankreich, Deutschland und Italien lebten sie in gestifteten oder selbst erworbenen Häusern oder zogen auch einzeln durchs Land. Damit waren sie schwer kontrollierbar, was für die Kirche und manche Städte anstößig war. Und noch anstößiger war, dass sie sich das Recht nahmen, selbstständig religiös zu sein, die Bibel auszulegen, zu predigen und Schriften in einer für das Volk verständlichen Sprache zu verfassen. Sie wollten nicht wie die Ordensschwestern „Bräute Christi" sein, sondern „Haushälterinnen Gottes". In ihren selbst organisierten Gemeinschaften gab es nur wenige Regeln, es wurden keine lebenslangen Gelübde abgelegt, Beschlüsse wurden in Versammlungen gemeinsam getroffen, der Lebensunterhalt durch die eigene Arbeit erworben, sei es als Hebammen, Lehrerinnen, Weberinnen, Wäscherinnen oder Bierbrauerinnen.
Warum erzähle ich Ihnen von den Beginen des 12.Jahrhunderts? Weil diese religiösen Frauen für ihre tätige Nächstenliebe drei Schwerpunkte hatten: die Krankenpflege, die Begleitung Sterbender und die Totenfürsorge.
Zum Verständnis des letzten Punktes muss man vielleicht noch sagen, dass im Mittelalter das Totengedenken einen hohen Stellenwert hatte. Dieses Gedenken hält Verstorbene in würdiger Erinnerung und ist Vorbereitung auf das Jenseits. Zur Totenfürsorge gehörte und eigentlich muss man sagen: *gehört* das Waschen und Ankleiden des Verstorbenen, das fürbittende Gebet, die würdige Bestattung, das Verzeichnis des Namens in liturgischen Gedenkbüchern und das Gedenken zu festgesetzten Zeiten, etwa am Sterbetag. Interessant, dass doch all dies auch im Hospiz

geschieht und als Fürsorge und Gedenken selbstverständlich gepflegt wird. Das ist übrigens nicht allein in der christlichen Kultur ein Phänomen, sondern auch im jüdischen und muslimischen Glaubensbereich gilt die Memorialkultur als hoch bedeutsam.
Ich erzähle Ihnen also von den Beginen des 12.Jahrhunderts, weil ich wichtige Elemente spiritueller Art bei ihnen gefunden habe, die ich auch im Hospiz- und Palliativwesen entdecken kann:
Ich denke dabei an die *Würde*, die im Umgang mit dem Bedürftigen eine Rolle spielt.
Ich denke an die *Selbstbestimmung*, die im Hospiz einen hohen Stellenwert hat und die für jeden einzelnen in je individueller Form von einem vielfältigen Netz aus sozialen Beziehungen, psychischer Befindlichkeit, kultureller Prägung und religiöser Überzeugung besteht.
Ich denke auch an die *besondere Form gemeinschaftlichen Lebens*, die sich an der Grenze weniger orientiert an Vorschriften und hierarchischer Ordnung als vielmehr an Zuwendung, Ermutigung und liebevollem Umgang.
Ich erzähle Ihnen von den Beginen des 12.Jahrhunderts, weil sie sich insbesondere die Begleitung Sterbender zur Aufgabe gemacht haben. Wahrscheinlich aus der Ahnung und der Erfahrung heraus, dass gerade an der Grenze des Lebens die spirituelle Dimension besonders ins Bewusstsein rückt, religiöse Fragen sich mit größerer Dringlichkeit stellen, die womöglich aufbrechenden zentralen Lebensfragen Begleitung fordern. Vielleicht auch, weil sie sich sicher waren, dass es im religiösen Sinn bei Glaubenden etwas gibt, das bei Sterbenden besonders hervortritt – ein anderes Verhältnis zur Zeit. Wenn nämlich von der Erfahrung der Ewigkeit die Rede ist, dann geht es nicht um Vertröstung oder unklare Zukunft, dann geht es um die Verwandlung der gelebten Zeit. Es geht nicht um das Verschieben auf ein Später, es geht um einen Bruch in der Gegenwart, der oft die Dinge neu sehen lässt. Wer hätte das nicht schon in der Begleitung sterbender Menschen wahrgenommen.

II.Drei Erfahrungen

Ich möchte Ihnen aus dem eigenen Erfahrungsspektrum der Begleitung Sterbender drei Beispiele schildern:
1.Naima stammte aus Afghanistan und lebte mit ihrem Mann und zwei kleinen Kindern als Asylbewerberin hier in Deutschland, als ihre sehr schnell fortschreitende Krebserkrankung diagnostiziert wurde. Die Familie wohnte in einem Zimmer im Wohnheim; ich besuchte sie oft, weil ich sie in ihrem Verfahren unterstützte. Nach kurzer Zeit sprach Naima von ihrem dringenden Wunsch, dass sie ihre Eltern noch einmal sehen möchte. Das war aber nicht so einfach, denn die lebten in Afghanistan. Während unserer Bemühungen, ein kooperatives Reisebüro zu finden, Touristenvisa zu besorgen und Geld für den Flug aufzutreiben, wurde Naima immer unruhiger. Sie wollte nicht mehr essen und nicht trinken, weil sie stellenweise glaubte, wir bemühten uns nicht genug. Ruhe kehrte erst wieder ein, als die Eltern tatsächlich an ihrem Krankenbett standen. Auch andere Verwandte aus Norddeutschland waren gekommen, so dass die Familie die Kranke begleiten konnte, wie es ihrer Kultur und Religion entspricht.

2.Martin war Mitte Dreißig und stand voll im Leben, verheiratet und eine Tochter im Grundschulalter, sportlich, unternehmungslustig, immer gut drauf. Über das Sterben konnte und wollte er nicht sprechen. Aber er kam auf einmal öfter zum Gottesdienst und er wollte ein Hausabendmahl feiern, als er die Wohnung nicht mehr verlassen konnte. Und ihm war wichtig, den Schulwechsel seiner Tochter zu erleben. Ein dreiviertel Jahr noch. „Dann ist sie aus dem Gröbsten raus", hat er gesagt. Bald nach dem Schulwechsel ist er gestorben.

3.Norbert war Ende Fünfzig und sagte mir bei einem meiner Besuche: „Sie wissen ja, dass ich kein religiöser Mensch bin. Sie müssen mir also nichts aus der Bibel vorlesen oder vom ewigen Leben erzählen. Diese Vertröstungen konnte ich nie leiden. Aber wenn Sie was für mich tun wollen, dann helfen Sie mir beim Herstellen eines Fotobuches. Sie wissen ja: ich hab' viel fotografiert; ich krieg' das Sortieren jetzt nicht mehr hin und hab' ja nicht mehr viel Zeit. Ich will das Fotobuch machen für die, die zurückbleiben." Wir haben uns dann jede Woche einmal getroffen, Bilder ausgesucht, kurze Texte aufgeschrieben und den Druck von 50 Exemplaren vorbereitet. Und dabei hat Norbert unendlich viel erzählt aus seinem Leben. Wir haben geredet über Gott und die Welt, ja wirklich.

So unterschiedlich sich die letzte Wegstrecke bei diesen drei Personen dargestellt hat, so verschieden die Bedürfnisse waren; auch die spirituellen Äußerungen – gemeinsam war ihnen doch, dass die Grundfragen des Lebens in je eigener Gestalt Bedeutung bekamen. Es sind die ganz schlichten Fragen, die sicher jeder und jede von uns kennt:

- Wer bin ich? – die Frage nach der eigenen Identität,
- Wozu bin ich da? – die Frage nach dem Sinn,
- Wer hat mich lieb? – die Frage nach den Beziehungen, in denen wir leben,
- Was will ich? – die Frage nach unserem Streben und Begehren und
- Was wird aus mir? – die Frage um Schuld, Krankheit, Sterben und Tod.

Naima möchte unbedingt ihre Eltern sehen; die Familie, möglichst vollständig, spielt eine große Rolle. Als dies gelingt und sie sich in den für ihr Leben relevanten Beziehungen erlebt, kann sie sich in ihrer Persönlichkeit öffnen, ihre Meinung über Behandlungsmöglichkeiten mit den religiösen Vorgaben abgleichen, die rituellen Praktiken im Kreis der Nahestehenden vollziehen und den Zuspruch der Koransuren annehmen.

Martin kann nicht über das Sterben sprechen, aber er möchte das Abendmahl. Da geht es um Schuld und Vergebung, um Gemeinschaft, um das Teilen und um Erinnerung und Zukunft des Lebens; ich brauche Vergewisserung; was wird aus mir? – wichtige Aspekte spirituellen Lebens, die verdichtet in der Feier des Abendmahls enthalten sind. Und es geht bei Martin auch um die Frage nach dem Sinn. Den Schulwechsel erleben; dann ist sie aus dem Gröbsten raus – wenn ein Gefühl für Lebenssinn in der Begleitung und Erziehung unserer Kinder anklingt, dann doch bitte wenigstens so lange, bis sie fest auf ihren zwei Beinen stehen.

Norbert sucht keinen religiösen Trost. Damit wird deutlich, dass nicht für jeden Sterbenden die Religion zum zentralen Thema wird und nicht werden muss. Er möchte eine Spur hinterlassen für die, die zurückbleiben, möchte in der Erinnerung bleiben mit etwas, das ihn in seiner Persönlichkeit erkennen lässt und auszeichnet, etwas schaffen, das ihn überdauert – ein Wunsch vieler Sterbender und was ist dieser Wunsch anderes als spirituell, geht es doch um die Frage, wozu ich da bin, um die Frage nach dem Sinn. Und über all das lässt sich auch sprechen, während man miteinander ein Meer von Bildern ordnet… und damit ein Stück Leben.
Mitte August hat sich in einer Ausgabe der FAZ auf einer Sonderseite zum Thema ‚Hospiz' der Inhaber des noch jungen Lehrstuhls für Spiritual Care an der Uni Zürich folgendermaßen geäußert: „Was die Menschen an der Grenze des Lebens beschäftigt, sind eben oft ganz existenzielle Fragen: das Leben nach dem Tod, das Gefühl beim Sterben, weshalb es schwere Krankheiten überhaupt gibt und welche Rolle man als einzelner Mensch in der Welt noch hat."

III.Die Haltung

Menschen mit derlei Fragen zu begegnen, erfordert bestimmte Kompetenzen –allzumal im interkulturellen Kontext. Und es erfordert eine persönliche Haltung, die ich mit dem Begriff *Compassion* gut beschrieben finde.
Vom Sinn her meint *Compassion* Mit-Leidenschaft; das gemeinsame Betroffen- Sein ist die bestimmende Perspektive in *Compassion.* Der katholische Theologe Hermann Steinkamp hat nachdrücklich darauf aufmerksam gemacht, dass *Compassion* als menschliche Fähigkeit zum Mit-Fühlen und Mit-Leiden zuerst den Akt der Wahrnehmung betrifft, die nie objektiv, sondern immer aus einem bestimmten Blickwinkel heraus geschieht. Wichtig ist hier ein Blickwinkel, der nicht *über* den von Not Betroffenen nachdenkt, redet und handelt, sondern vielmehr die akute Situation als *gemeinsame* Situation versteht, nicht distanziert aus der Sicht des vermeintlich Sicheren, Wissenden, Gesunden usw.
In der hebräischen Bibel steht dafür an vielen Stellen das Wort „rachamim", was mit ‚Erbarmen' übersetzt wird. Dieser Begriff stammt übrigens interessanterweise von dem Wort „rechem", was den Mutterleib bezeichnet. Wahrscheinlich kein Zufall, dass wir diese Haltung in der Tradition der bereits angesprochenen Beginen finden. *Compassion* öffnet die Sinne für die Verbundenheit in der jeweiligen Situation und sie bewahrt vor dem eigentlich unbeteiligten Mitleid von oben herab. Beispielhaft für die Bewegung in *Compassion* denken wir an die Geschichte vom barmherzigen Samariter (Lukasevangelium, Kapitel 10, Verse 25-36). An der Regung des Mannes aus Samaria zeigt sie, worum es bei *Compassion* in tiefsten Sinn geht: Der Samariter sieht die Not des Überfallenen zwischen Jericho und Jerusalem und er lässt sich „anrühren". Es ist die Berührbarkeit, die einen zum Nächsten werden lässt für den, der in welchem Sinn auch immer unter die Räuber des Lebens gefallen ist.
Die besondere Pointe der Geschichte ist ja, dass es sich beim barmherzigen Samariter um einen aus dem fremden Volk handelt. *Compassion* ist damit kein christliches Sondergut, sondern erfahrbar bei Muslimen, Buddhisten, Juden oder Hindus. Den Auftrag helfenden Handelns an Leib und Seele kennen alle großen Religionen. Darin sind wir uns interkulturell betrachtet nicht fremd. Und ich möchte nicht

versäumen darauf hinzuweisen, dass man nicht unbedingt einer verfassten Religionsgemeinschaft anhängen muss, um diese Haltung einzunehmen. Bisweilen wird der Glauben authentischer gelebt außerhalb der organisierten und verfassten Religion – und das ist auch nicht nur im Christentum so.

Bei allen Gemeinsamkeiten von Kulturen und Religionen begegnen wir uns doch im interkulturellen Feld zunächst als Fremde und müssen den Umgang miteinander bedenken. Wäre es nicht so, bedürfte es der heutigen Veranstaltung nicht. Natürlich steht der freundliche Umgang mit Fremden und Fremdem im Zentrum der heiligen Schriften, was zu unseren Kulturen gehört, oft aber leider in Vergessenheit gerät. Wie ein roter Faden zieht sich das Thema auch durch die Bibel – letztlich aus der Erfahrung eigenen Fremdseins heraus. Dass die Begegnung mit dem Fremden aber auch unheimlich und verbunden mit Ängsten sein kann, leugnet die Bibel nicht. Deshalb erfordert die Haltung gegenüber Fremden eine kritische Betrachtung gegebener Ordnungsstrukturen und ein Überschreiten eigener Grenzen, was voraussetzt, der Grenze ehrlich gewahr zu werden. Werden Grenzen ignoriert, kann der notwendige Umgang mit ihnen nicht gelernt werden. Dies aber ist ein wichtiger Aspekt der Persönlichkeitsentwicklung, wo das Aushalten von Ambivalenzen und das Ausbilden von Konfliktfähigkeit eine Rolle spielen. Wo dies nicht gelingt, sind Spaltungsmechanismen und Projektionen als Abwehr eigener Angst zu beobachten, wie der Ethnologe und Analytiker Mario Erdheim betont. Wir können das seit über einem Jahr im gesellschaftlichen Prozess sowohl in der Überfremdungspanik als auch in Teilen der Willkommenskultur studieren.
Hilfreich scheinen mir in diesem Zusammenhang die Überlegungen des Philosophen Bernhard Waldenfels, der ebenfalls feststellt, dass sich jede Kultur und jede Lebensform in Grenzen bewegt, in denen das Fremde zunächst einmal keinen Platz findet. Für die Begegnung zwischen Heimischem und Fremden findet Waldenfels den Begriff vom „Zwischenraum", einer Grenzlandschaft, die verbindet und trennt. Menschen, die einander fremd sind –und das gilt für jedes Fremdsein- begegnen sich und zwischen ihnen entsteht ein Raum, der mit einem gemeinsamen Interesse und in gemeinsamer Interaktion gefüllt werden kann.
Diese Idee vom „Zwischenraum" greift der Theologe Christoph Schneider-Harpprecht auf und macht sie konkret für die interkulturelle Begegnung. Mit der Erfahrung, dass in dieser Begegnung die eigenen gewohnten Deutungs- und Verhaltensmuster nicht in den fremden kulturellen Kontext passen, sind Missverständnisse zwangsläufig gegeben, sagt er. Das bedeutet, dass mit Missverständnissen gerechnet werden muss, Unterschiede müssen zum Thema werden, Fragen müssen gestellt werden. Gegenseitige Annahmen und Meinungen übereinander können überprüft werden. Welche Bedeutung hat etwas für das Gegenüber? Welche Symbole, Gewohnheiten, Bräuche spielen für die jeweilige Prägung eine Rolle? Welche Verhaltensweisen sind im fremden kulturellen Zusammenhang angemessen? Welche Werte und Normen sind für den anderen bestimmend? Wodurch wird die Lebenswelt des Gegenübers bestimmt? Wovon ist seine Vorstellungswelt geprägt? Sie merken, wie diese für den interkulturellen Umgang wichtigen Fragen sich treffen mit den vorhin besprochenen Grundfragen des Lebens auf der spirituellen Ebene.

Wo wir in dieser Weise aufeinander zugehen und miteinander umgehen, kann die Begegnung besonders an den Grenzen des Lebens zur bereichernden Erfahrung werden. Mehr noch: wo Menschen einander als Gäste wahrnehmen, kann die Begegnung mit dem Fremden unerwartet eine Begegnung mit Gott sein, wie es eine biblische Erfahrung ins Bewusstsein ruft (1.Buch Mose, Kapitel18 / Hebräerbrief, Kapitel 13, Vers 2).
Als eine Bereicherung empfindet offensichtlich auch der Arzt *Gian Borasio* seinen palliativen Dienst, wenn er in seinem Buch „selbst bestimmt sterben“ über die existenziellen und spirituellen Zugänge zur Frage der Patientenautonomie schreibt: „...die wir als Ärzte in der heutigen multikulturellen Gesellschaft täglich erleben dürfen und die unseren begrenzten Horizont immer wieder erweitern.“ Um den eigenen Horizont als begrenzt wahrzunehmen, braucht es ein Stück Freiheit. Und um sich auf Erweiterung einzulassen, braucht es ein Stück Mut. Freiheit und Mut, wie wir sie in der Tradition der Beginen finden.

Quellen

Borasio Gian, Selbstbestimmt sterben, München 2014
Erdheim Mario, Das Eigene und das Fremde, in: Psyche, 46.Jg, Stuttgart 1992
Schneider-Harpprecht Christoph, Interkulturelle Seelsorge, Göttingen 2001
Steinkamp Hermann, Compassion lernen in der Wahlheimat, DGfP-Info 2009
Waldenfels Bernhard, Grundmotive einer Phänomenologie des Fremden, Frankfurt 2006

Hilfe, ich will sterben!
Die Auseinandersetzung um das selbstbestimmte Sterben
(Vortrag in der Seelsorgefortbildung im September 2020; überarbeitet im Januar 2021)

I.Eine Entscheidung mit weitreichenden Folgen
Am 26.Februar 2020 hat das Bundesverfassungsgericht eine Grundsatzentscheidung getroffen. Demnach umfasst das allgemeine Persönlichkeitsrecht auch ein Recht auf selbstbestimmtes Sterben. Nach dieser Entscheidung ist auch die Beihilfe zum Suizid erlaubt und gleichzeitig ein im November 2015 verabschiedetes Gesetz des Bundestags als nicht verfassungskonform kritisiert.
Genau dieses Gesetz hat einer schon lange geführten Debatte über die Sterbehilfe neuen und heftigen Anstoß gegeben. Und auch mit der Grundsatzentscheidung vom Februar ist die gesellschaftliche Auseinandersetzung keineswegs beendet; ganz im Gegenteil.

Dass die Debatte nicht nur theoretisch und schon gar nicht unter Absehung von sehr persönlichen Lebenssituationen geführt werden kann, macht folgendes Beispiel deutlich:
Kürzlich fand sich bei mir eine Frau zur Beratung ein, etwa Mitte 60, Tochter eines 92jährigen Vaters, der in einer Seniorenresidenz lebt. Sie ist verzweifelt, weil sie mit dem Sterbewunsch ihres Vaters nicht umgehen kann. Dabei ist es weniger der Wunsch selbst, der sie zur Beratung kommen lässt, sondern die große Ambivalenz, die der Vater zeigt. Sein Wunsch ist nicht eindeutig. Vielmehr äußert er oft verständlichen Lebensüberdruss. Er ist nicht lebensbedrohlich krank und leidet nicht unter großen Schmerzen. Aber er spürt, wie er immer hinfälliger wird. Zunehmende Altersfolgen schränken seinen Aktionsradius ein. Unterstützungsbedarf, der ihm unangenehm ist, wird größer. Gemeinschaftliche Unternehmungen kommen wegen des stark abnehmendes Gehörs für ihn nicht mehr in Frage. Und das Schlimmste: Seit dem Tod seiner Frau vor drei Jahren fühlt er sich sehr einsam. „Ach, hätte man doch so ein Medikament…", sagt er dann, setzt den Satz nicht fort, aber die Tochter weiß natürlich, was er meint. 15 Gramm eines weißen Pulvers mit dem Namen *Natrium-Pentobarbital* wären nötig, um sein Leben zu beenden, doch dieses Betäubungsmittel ist in Deutschland zur Anwendung an Menschen verboten und der Einschläferung von Tieren vorbehalten.
„Und wenn der Satz vom Vater selbst oder von Ihnen fortgesetzt würde?", sage ich im Gespräch mit der Tochter. Denn es ist etwas anderes, wenn etwas in Worten erscheint und damit im Raum ist, was sonst in Gedanken bleibt.
Der Vater hat kein Medikament, die Tochter hat es auch nicht und es ist auch nicht so einfach zu beschaffen. Der *assistierte Suizid* braucht die Unterstützung Dritter, braucht die Verschreibung durch Ärztin oder Arzt und braucht jemanden, der das Betäubungsmittel in tödlicher Dosierung bringt. Und genau diesen *assistierten Suizid* betrifft die Grundsatzentscheidung des Bundesverfassungsgerichts.
Nun ist aber der Wunsch des Vaters nicht eindeutig, wie die Tochter sagt. Es gibt auch Zeiten, da relativiert er sein Anliegen. „Ja, Sterben wäre gut", sagt er dann, „aber eigentlich ist es nicht meine Art, so aus dem Leben zu gehen." Und damit meint er, wie

die Tochter mir erklärt, dass er gewohnt ist, auch Schwierigkeiten im Leben durchzustehen und sich nicht davonzustehlen, wenn es unangenehm wird. Er ist ein stolzer und aufrechter Mann, der sich nicht selbst sagen will, er hätte etwas nicht ausgehalten. Und dazu kommt die religiöse Frage, ob es denn in Ordnung sei, das von Gott geschenkte Leben wegzuwerfen und damit in Gottes Entscheidung über die Dauer eines Lebens einzugreifen.
Ich werde auf diese „Fall“schilderung zurückkommen, möchte aber zuvor ein paar sachliche Hintergründe anführen; denn so, wie die Frage selbstbestimmten Sterbens nicht unter Absehung einzelner Lebenslagen bedacht werden kann, weil eben das Persönlichkeitsrecht tangiert ist, kann die Frage auch nicht sinnvoll bedacht werden ohne Kenntnis fachlicher Zusammenhänge.

II. Worum geht es genau?

1. Formen der Sterbehilfe

Zum Verständnis der Diskussion ist es zunächst einmal wichtig, die verschiedenen Formen, die sich unter dem Begriff der Sterbehilfe befinden, zu differenzieren. Ich sprach eben in der Erzählung vom 92jährigen Vater und seiner Tochter vom *assistierten Suizid*, auch „Beihilfe zum Suizid“ genannt. Diese Form der Sterbehilfe meint Handlungen, mit denen einer sterbewilligen Person eine Selbsttötung ermöglicht wird, indem beispielsweise eine tödliche Substanz an die Hand gegeben wird, die der betreffende Mensch sich dann selbst zuführt. Grundsätzlich ist gegen diese Hilfe nichts einzuwenden; denn Suizid ist in Deutschland nicht strafbar und wenn ein Mensch aufgrund seiner Lebenssituation oder seiner Ablehnung bekannter und gewaltvoller Suizidmöglichkeiten für sich die Einnahme eines Giftes wählt, das er aber nicht selbst beschaffen kann, dann kann die Unterstützung bei einem solchen Suizid nicht strafbar sein, solange er die Substanz selbst einnimmt.
Gleichwohl hat der Bundestag, wie oben beschrieben, im November 2015 ein Gesetz verabschiedet, das die „geschäftsmäßige Sterbehilfe“ verboten und damit die Möglichkeit in der beschriebenen Form des Suizids genommen hat, was nun wiederum vom Bundesverfassungsgericht kritisiert wurde – dazu später etwas ausführlicher.
Neben dem assistierten Suizid gibt es weitere Formen.
Unter dem Begriff *Tötung auf Verlangen* –man sprach auch von „aktiver Sterbehilfe“- ist das Töten eines anderen Menschen auf sein ausdrückliches Verlangen hin zu verstehen. Dies wäre der Fall, wenn etwa ein Arzt einem Patienten auf dessen Wunsch hin eine tödliche Spritze setzt. Die Tötung auf Verlangen ist nach §216 StGB in Deutschland verboten und kann mit einer Freiheitsstrafe bis zu fünf Jahren geahndet werden.
Der *Behandlungsabbruch*, auch unter dem früheren Begriff der „passiven Sterbehilfe“ bekannt, meint das Unterlassen, Begrenzen oder Beenden lebenserhaltender Maßnahmen auf Wunsch des Patienten. Dies wird oft schon in einer Patientenverfügung von der betroffenen Person vorsorglich bestimmt.
Die „indirekte Sterbehilfe“ oder besser: *medizinisch indizierte Maßnahme zur Symptomlinderung* ist neben dem Behandlungsabbruch eine ärztliche Handlung, die die Anwendung schmerzlindernder Medikamente betrifft, die aber in hoher Dosierung zur Verkürzung der Lebensdauer führen können.

Angemerkt sei noch, dass in den Niederlanden, Belgien und Luxemburg der assistierte Suizid und auch die Tötung auf Verlangen unter bestimmten Vorgaben erlaubt ist.

2.Die juristische und gesellschaftspolitische Entwicklung

Auf dem Hintergrund einer gesellschaftlichen Debatte, die geprägt war von Suizidhandlungen prominenter Persönlichkeiten, juristischer Klagen durch Sterbehilfeorganisationen und Anregungen einzelner Ärzt*innen wurde eine Gesetzgebungsdebatte angestoßen, in deren Verlauf der frühere Gesundheitsminister Hermann Gröhe ankündigte, jegliche Form geschäftsmäßiger Sterbehilfe einem Verbot zu unterwerfen. Er sah die Gefahr, dass leichte Umsetzung und in Folge Häufigkeit zur Normalisierung des Suizids führen könnte und dadurch schließlich ein Druck auf alte Menschen und Schwerstkranke ausgeübt würde.
So hat der Bundestag im November 2015 mit 360 zu 233 Stimmen den §217 StGB beschlossen, mit dem die geschäftsmäßige Förderung der Sterbehilfe verboten wird. Da heißt es:
„Wer in der Absicht, die Selbsttötung eines anderen zu fördern, diesem hierzu geschäftsmäßig die Gelegenheit gewährt, verschafft oder vermittelt, wird mit Freiheitsstrafe bis zu drei Jahren oder Geldstrafe bestraft.
Als Teilnehmer bleibt straffrei, wer selbst nicht geschäftsmäßig handelt und entweder Angehöriger des in Abs.1 genannten anderen ist oder diesem nahesteht."
Von „geschäftsmäßiger Sterbehilfe" wird gesprochen, wenn die Hilfe auf Wiederholung angelegt ist und keine einmalige Hilfe darstellt. Sie muss also nicht unbedingt Gewinne erzielen wollen. Betroffen von diesem Gesetz waren in erster Linie die Mitarbeitenden von Sterbehilfeorganisationen und Ärzte, die wiederholt entsprechende Medikamente zur Verfügung stellen.
Die Klagen gegen dieses Gesetz in Form von Verfassungsbeschwerden ließen nicht lange auf sich warten. Beschwerdeführer waren schwer kranke Menschen, die auf Suizidhilfe hofften und für ihr Grundrecht auf selbstbestimmtes Sterben eintreten. Daneben klagten Sterbehilfevereine, die Hilfe anbieten. Schließlich meldeten auch Ärzt*innen Widerspruch an, da sie durch das Gesetz ihre Gewissens- und Berufsfreiheit beeinträchtigt sahen und fürchteten, sich strafbar zu machen, wenn sie wiederholt beim Suizid assistieren.
Eine wichtige Frage war in diesem Zusammenhang, wie überhaupt ein suizidwilliger Mensch im Zuge dieses Gesetzes an ein tödliches Medikament herankommen kann. Hierzu hat das Bundesverwaltungsgericht in Leipzig 2017 aufgrund der Klage des Ehemanns einer Patientin geurteilt. Zu entscheiden war, ob die zuvor ergangene Verweigerung eines Mittels zur Selbsttötung rechtens war. Das Gericht urteilte, dass die Verweigerung mit dem garantierten Persönlichkeitsrecht nicht vereinbar sei und die Frau das Mittel hätte erhalten müssen. In der Folge gab es über 100 Anträge beim Bundesinstitut für Arzneimittel und Medizinprodukte auf Erhalt eines Betäubungsmittels, was auf vielfache Weisung des Gesundheitsministers Jens Spahn abgelehnt wurde, wofür dieser wiederum heftig kritisiert wurde, weil er eine ihm zugeordnete Behörde angewiesen habe, die Entscheidung eines Bundesgerichts zu ignorieren.

3.Die Haltung der Ärztekammern

Bis 2011 vertrat die Bundesärztekammer die Auffassung, eine ärztliche Mitwirkung an der Selbsttötung eines Patienten widerspreche dem ärztlichen Ethos. Diese Sichtweise wurde relativiert mit dem Hinweis auf die Anerkennung differenzierter individueller Moralvorstellungen von Ärzt*innen in einer pluralistischen Gesellschaft. Allerdings wurde wenige Monate später auf dem 114. Ärztetag in Kiel die grundlegende Auffassung der Berufsordnung zur Sterbehilfe erneut festgeschrieben: Ärzt*innen dürfen keine Hilfe zur Selbsttötung leisten. Diese Vorgabe haben jedoch nur 10 von 17 Landesärztekammern in ihre jeweiligen Berufsordnungen aufgenommen, so dass aktuell in den Bundesländern unterschiedliche berufsrechtliche Standards für Ärzte und Ärztinnen bestehen.

4.Die Haltung der Palliativ- und Hospizbewegung

Der Deutsche Hospiz- und Palliativverband (DHPV) positioniert sich deutlich gegen organisierte und gewerbliche Formen der Beihilfe zur Selbsttötung. Dabei wird der Wunsch, bei schwerer Krankheit das eigene Leben zu beenden, keineswegs ignoriert, sondern vielmehr gewürdigt. Zu gut weiß man aus der Begleitung schwerstkranker Menschen, dass es häufig verständliche Ängste sind, die dem Wunsch zugrundeliegen: die Angst vor Schmerzen, vor dem Alleinsein, vor dem Verlust der Autonomie. Zugleich weiß man aber auch aus Erfahrung, dass diese Ängste und damit oft auch der Sterbewunsch nachlassen durch die Möglichkeiten palliativer Begleitung. So fordert der Verband auch den Ausbau hospizlicher Hilfen und palliativer Versorgung und weist kenntnisreich darauf hin, dass die in der modernen Gesellschaft geforderte und zu unterstützende Selbstbestimmung jedes einzelnen Menschen nicht nur die Selbstbestimmung beim Sterben betrifft und vielen Kriterien unterliegt, so dass die Beschränkung auf Selbstbestimmung im Kontext des assistierten Suizids zu kurz greife und der Komplexität des Themas nicht gerecht werde.

5.Die Haltung von Sterbehilfeorganisationen

Der 2009 in Deutschland gegründete Verein „Sterbehilfe Deutschland“ hat nach eigenen Angaben bis Ende 2014 in 162 Fällen Suizidhilfe geleistet. Eine Mitgliedschaft im Verein war Voraussetzung für die Hilfe bei der Selbsttötung. Für eine Lebensmitgliedschaft werden 2000 Euro berechnet; hinzu kommen abhängig von der Dauer der Mitgliedschaft 2000 bis 7000 Euro, wenn die Suizidassistenz in Anspruch genommen wird. Weitere Bedingungen sind eine schriftliche Antragstellung mit Begründung, das Abfassen einer Patientenverfügung, ein aufgezeichnetes Beratungsgespräch mit Mitarbeiter*innen des Vereins und eine ärztliche Begutachtung. Eine Karenzzeit zwischen Beratung und Durchführung der Tötungshilfe ist nicht vorgesehen. Ausgegangen wird jedoch von einem Zeitraum von zwei bis vier Monaten –sicher eine Frist, in der sich die Einstellung eines Menschen erheblich verändern kann. Nach Inkrafttreten des §217 StGB wurden die Aktivitäten eingestellt, wie es auch bei „Dignitas Deutschland“ der Fall war. Dieser 2005 gegründete Verein, der sein Vorbild in der „Dignitas Schweiz“ hat, leistet für seine Mitglieder vor allem Suizidberatung. Bis Ende 2015 wurden 724 Mitglieder zur Suizidbeihilfe vermittelt, die dann in der Schweiz vollzogen wurde. Inzwischen hat der Verein seine Tätigkeiten neu ausgerichtet und informiert in seiner Beratungsstelle „SchlussPUNKT“ ergebnisoffen über Suizidmöglichkeiten, Alternativen zum Suizid und über die rechtliche Durchsetzung der Selbstbestimmung am Lebensende.

6.Die Haltung der Kirchen

Grundsätzlich sind die großen Kirchen an einer gemeinsamen Haltung zur Frage der Strebehilfe interessiert und haben das Gesetz vom November 2015 als schlüssige und ausgewogene Vorgabe begrüßt. Weitgehende Einigkeit in der Position besteht einerseits mit der Palliativ- und Hospizbewegung und andererseits im interreligiösen Kontext, wie eine Erklärung gegen Sterbehilfe vom Oktober 2019 zeigt, die vom Vatikan, dem Oberrabbinat in Israel und einer muslimischen Versammlung in Indonesien unterzeichnet wurde.
Das Positionspapier wirbt für die Stärkung der Palliativmedizin und für die Gewissensfreiheit von Ärzt*innen und Pfleger*innen. Aktive Sterbehilfe und assistierter Suizid seien aus moralischer und religiöser Sicht inakzeptabel. Zugleich berücksichtigt die Erklärung mögliche medizinische Entwicklungen und betont, Behandlungen seien nur dann gerechtfertigt, wenn sie eine Besserung des Zustands des Patienten bewirkten. Wichtig sei stets die Abwägung, ob eine lebensverlängernde oder erhaltende Maßnahme im Sinn des menschlichen Lebens sei oder ob die Maßnahmen eigentlich eine Grenze erreicht haben. Im Sinn der Würde wird nicht dafür plädiert, dass das Recht auf Leben zur Lebenslast wird.

7.Die Haltung betroffener Personen; seien sie schwerstkrank oder nicht

Es ist nicht zu leugnen, dass in Deutschland eine paradoxe Situation herrscht. Während eine Mehrheit in der Bevölkerung mit dem Verweis auf die Autonomie des Menschen auch am Lebensende die Möglichkeit zu selbstbestimmtem Sterben befürwortet (70 – 80 %), verweisen Justiz, Politik, Verbände und Kirchen auf den Schutz des Lebens und sehen –insbesondere auf dem Hintergrund deutscher Geschichte- die Gefahr von Euthanasiebestrebungen.
Prominent hat der Maler und Schriftsteller Wolfgang Herrndorf, der selbst an einem Hirntumor erkrankt war und sich im August 2013 mit einem Revolver suizidierte, in seinem Buch ‚Arbeit und Struktur‘ das Recht auf ein selbstbestimmtes Sterben bei Zahlung der Unkosten durch die Krankenkasse vertreten. Und dies „ohne ärztliche Untersuchung, ohne bürokratische Hürden und vor allem ohne Psychologengespräch“. (Herrndorf, 2013, 369) „Ich muss wissen, dass ich Herr im eigenen Haus bin“, schreibt er und lässt zugleich offen, „ob ich die Disziplin habe, es am Ende auch zu tun“. (Herrndorf, 2013, 50).
Steigende Suizidzahlen (wenn auch nicht exponentiell) in den Niederlanden, wo die Tötung auf Verlangen erlaubt ist, und ein „Fall“ wie der eines 90jährigen Bewohners einer Pflegeeinrichtung, der im Juni 2020 ohne die Möglichkeit der Prüfung einer Dauerhaftigkeit seines Wunsches unter Sterbehilfe aus dem Leben schied (taz, 2.Juli 2020), tun dem Mehrheitsvotum keinen Abbruch.

III.Das Grundsatzurteil des Bundesverfassungsgerichts

„Das allgemeine Persönlichkeitsrecht (Art.2, Abs.1 GG) umfasst ein Recht auf selbstbestimmtes Sterben. Dieses Recht schließt die Freiheit ein, sich das Leben zu nehmen und hierbei auf die freiwillige Hilfe Dritter zurückzugreifen. Die in Wahrnehmung dieses Rechts getroffene Entscheidung des Einzelnen, seinem Leben entsprechend seinem Verständnis von Lebensqualität und Sinnhaftigkeit der eigenen Existenz ein Ende zu setzen, ist im Ausgangspunkt als Akt autonomer Selbstbestimmung von Staat und Gesellschaft zu respektieren. Mit dieser Begründung hat der Zweite Senat mit Urteil vom heutigen Tag entschieden, dass das in §217 des Strafgesetzbuchs (StGB) normierte Verbot der geschäftsmäßigen Förderung der Selbsttötung gegen das Grundgesetz verstößt und nichtig ist, weil es die Möglichkeiten einer assistierten Selbsttötung faktisch weitgehend entleert. Hieraus folgt nicht, dass es dem Gesetzgeber von Verfassungs wegen untersagt ist, die Suizidhilfe zu regulieren. Er muss dabei aber sicherstellen, dass dem Recht des Einzelnen, sein Leben selbstbestimmt zu beenden, hinreichend Raum zur Entfaltung und Umsetzung verbleibt."
Vorausgegangen waren diesem Urteil umfangreiche Anhörungen im April 2019, in deren Verlauf der Gerichtspräsident Andreas Voßkuhle formulierte: „Wie wir mit dem Tod umgehen, spiegelt unsere Einstellung zum Leben."
Mit seinem Urteil hat das Bundesverfassungsgericht keineswegs eine Verpflichtung zur Suizidhilfe ausgesprochen; das sei betont, weil in der Folge häufig der Vorwurf erhoben wurde, das Gericht sei zu weit gegangen, hätte keinerlei Einschränkungen im Sinne des Lebensschutzes formuliert, hätte gar den gesetzlich vorgegebenen Schutz des Lebens aufgegeben zugunsten uneingeschränkter Autonomie. Das Gegenteil ist der Fall: Der Gesetzgeber ist aufgefordert, die Suizidhilfe zu regeln, etwa durch die Auflage, einer Aufklärungspflicht nachzukommen, Sterbehilfeorganisationen zu kontrollieren, die Suizidprävention auszubauen und palliative Versorgungsangebote zu erweitern.
In der Erläuterung zum Urteil heißt es eindeutig: „Der Verfassungsordnung des Grundgesetzes liegt ein Menschenbild zugrunde, das von der Würde des Menschen und der freien Entfaltung der Persönlichkeit in Selbstbestimmung und Eigenverantwortung bestimmt ist. Die staatliche Schutzpflicht zugunsten der Selbstbestimmung und des Lebens kann folgerichtig erst dort gegenüber dem Freiheitsrecht des Einzelnen den Vorrang erhalten, wo dieser Einflüssen ausgeliefert ist, die die Selbstbestimmung über das eigene Leben gefährden. Diesen Einflüssen darf die Rechtsordnung durch Vorsorge und Sicherungsrechte entgegentreten.
Die Anerkennung des Rechts auf selbstbestimmtes Sterben versagt dem Gesetzgeber demnach nicht, allgemeine Suizidprävention zu betreiben und insbesondere krankheitsbedingten Selbsttötungswünschen durch Ausbau und Stärkung palliativmedizinischer Behandlungsangebote entgegenzuwirken. Es muss auch denjenigen Gefahren für die Autonomie und das Leben entgegentreten, die in den gegenwärtigen und absehbaren realen Lebensverhältnissen begründet liegen und eine Entscheidung des Einzelnen für die Selbsttötung und gegen das Leben beeinflussen können."
Ein langes, aber in Betrachtung der Folgewirkung nötiges Zitat, müssen doch in Kenntnis der Überlegungen der Verfassungsrichter*innen die Reaktionen auf das Urteil reflektiert werden. Es kann nicht erfolgreich behauptet werden, die Richter seien

fahrlässig mit dem Lebensschutzgebot verfahren. Ebensowenig kann unterstellt werden, man habe eine Tür zu weit aufgestoßen und damit gesellschaftlich- kulturelle Grundlagen zur Bejahung und Förderung des Lebens in Frage gestellt. Vielmehr legt die Erläuterung den Finger in eigentliche Wunden gesellschaftlichen Umgangs mit Krankheit und Sterben, erinnert an den sozialen Zusammenhang der Sterbehilfe-debatte und fordert die Intensivierung von Angeboten zur Suizidprävention und Palliativversorgung.

IV. Die Reaktionen auf das Urteil

Dass die Entscheidung sofort heftige Reaktionen hervorrufen würde, war zu erwarten. Ebenso überrascht es nicht, dass die Reaktionen sowohl in Zustimmung als auch in Ablehnung die geschilderten Positionen aufnehmen.

Etwas ausführlicher aufgenommen sei an dieser Stelle der Beitrag der Kirchen, weil er einen inneren Diskussionsprozess zeigt.

Kaum war das Grundsatzurteil veröffentlicht, war vonseiten der Kirchenleitungen große Besorgnis zu hören: „Mit großer Sorge haben wir zur Kenntnis genommen, dass das Bundesverfassungsgericht... das Verbot der geschäftsmäßigen Förderung der Selbsttötung aufgehoben hat." Der Ratsvorsitzende der Evangelischen Kirche in Deutschland (EKD), Heinrich Bedford-Strohm, und der damalige Vorsitzende der Deutschen Bischofskonferenz, Reinhard Marx, führten weiter aus: „Dieses Urteil stellt einen Einschnitt in unsere auf Bejahung und Förderung des Lebens ausgerichtete Kultur dar. Wir befürchten, dass die Zulassung organisierter Angebote der Selbsttötung alte oder kranke Menschen auf subtile Weise unter Druck setzen kann, von derartigen Angeboten Gebrauch zu machen. Je selbstverständlicher und zugänglicher Optionen der Hilfe zur Selbsttötung nämlich werden, desto größer ist die Gefahr, dass sich Menschen in einer extrem belastenden Lebenssituation innerlich oder äußerlich unter Druck gesetzt sehen, von einer derartigen Option Gebrauch zu machen und ihrem Leben selbst ein Ende zu bereiten. An der Weise des Umgangs mit Krankheit und Tod entscheiden sich grundlegende Fragen unseres Menschseins und des ethischen Fundaments unserer Gesellschaft. Die Würde und der Wert eines Menschen dürfen sich nicht nach seiner Leistungsfähigkeit, seinem Nutzen für andere, seiner Gesundheit oder seinem Alter bemessen. Sie sind –davon sind wir überzeugt- Ausdruck davon, dass Gott den Menschen nach seinem Bild geschaffen hat und ihn bejaht und dass der Mensch sein Leben vor Gott verantwortet. Die Qualität einer Gesellschaft zeigt sich gerade in der Art und Weise, wie wir einander Hilfe und Unterstützung sind. Daher setzen wir unsere Bemühungen fort, Menschen in besonders vulnerablen Situationen Fürsorge und Begleitung anzubieten. Neben den bereits bestehenden und weiter auszubauenden Angeboten palliativer und hospizlicher Versorgung gehört dazu auch zunehmend die Frage, wie wir Menschen, die einsam sind, Hilfe anbieten und sie seelsorglich begleiten können. So wollen und werden wir uns auch weiterhin dafür einsetzen, dass organisierte Angebote der Selbsttötung in unserem Land nicht zur akzeptierten Normalität werden." Befürchtet wird also insbesondere eine negative Auswirkung auf die Gesellschaft in ihrer Haltung zum Wert des Lebens.

Was sich wie ein einheitliches Votum liest, wird schon bald im Fortgang der Debatte differenzierter erscheinen. Bereits im März teilt Landesbischof Ralf Meister aus

Hannover mit, Gott habe die Gabe des Lebens in die Verantwortung des Menschen gelegt, so dass es gerechtfertigt sei, dass der Mensch auch Zeitpunkt und Art des Sterbens mitgestalte.
Zum Jahresbeginn 2021 sorgt schließlich ein Debattenbeitrag aus Theologie und Diakonie für heftige Auseinandersetzung. Der Präsident der Diakonie Deutschland, Ulrich Lilie, fordert gemeinsam mit EKD-Ratsmitglied Jacob Joussen, dem Göttinger Palliativmediziner Friedemann Nauck, Landesbischof Meister, dem Ethiker Reiner Anselm und der Praktischen Theologin Isolde Karle die Möglichkeit des assistierten Suizids in kirchlichen Einrichtungen. Diese müssten Orte sein, in denen Suizid auf eine sichere und nicht qualvolle Weise vollzogen werden können.
Die Verfasser*innen setzen sich mit der Kritik der Kirchenleitungen am Grundsatzurteil auseinander und untersuchen ihre Stichhaltigkeit. Dabei könne eine liberale Rechtsordnung nicht anders, als dem Einzelnen in der Frage seines Lebensendes das Letztentscheidungsrecht zuzugestehen. Und dass die Würde der Person als Fundament liberaler Kultur nicht im Widerspruch zur christlichen Tradition stehe, gehöre zu den wichtigen Lernerfahrungen christlicher Ethik. Gleichzeitig bedeute das Zugeständnis nicht, das Handeln der Selbsttötung zu begrüßen, wenn es auch sehr wohl bedeute, der hinter dem Handeln stehenden eigenverantwortlichen Person Respekt entgegenzubringen und sie nicht zu verurteilen. Plädiert wird für eine Diskussion, die vom Bewusstsein geprägt ist, dass die eigene Perspektive nicht die allein gültige sein kann und gerade in Grenzsituationen Verstehen und Gestaltungswillen an Grenzen stoßen können, womit sich eine paternalistische Haltung nicht verträgt.
Bei allem Wunsch nach Öffnung für die Möglichkeit des assistierten Suizids wird die Notwendigkeit einer Sicherstellung des Sterbewunsches betont. In diakonischer, seelsorglicher und psychologischer Begleitung könne Selbstbildern entgegengewirkt werden, bei denen Schwerstkranke sich als Last für andere empfinden. Ebenso könne in vertrauensvollen Gesprächen in der Haltung der Neutralität eine Unterscheidung von wohlüberlegtem Suizidwunsch und nicht freiverantwortlichem Sterben-Wollen möglich werden. Die Hilfe durch palliative Behandlung und die Notwendigkeit einer Überprüfung des autonomen Sterbewillens vor assistierter Selbsttötung wird von den Verfasser*innen keineswegs bestritten.

Ähnlich wie dem Grundsatzurteil der Verfassungsrichter*innen liegt dem Aufruf aus Theologie und Diakonie eine verantwortungsvolle und ausgewogene Betrachtung zugrunde. Und ähnlich wie dem einen folgt dem anderen eine Kritik mit vorwurfsvollem und wenig differenziertem Unterton. Möglicherweise kann man die vorgebrachten Urteile an der ein oder anderen Stelle einer kritischen Betrachtung unterziehen. Mangelnde Sorgfalt in Lebensschutzfragen, nachlässigen Umgang mit gesellschaftlichen Grundwerten oder unzulässige ethisch- theologische Argumentation unterstellen kann man ihnen nicht.

Angemerkt sei noch, dass unmittelbar nach dem Urteil des Bundesverfassungsgerichts der Verein „Sterbehilfe Deutschland“ in einer Erklärung alle Betriebsgesellschaften der Alten- und Pflegeheime auffordert, ihre Hausordnungen zu ergänzen und die Bewohner*innen auf das Grundrecht auf Suizid und auf Suizidhilfe hinzuweisen. Dass dies –siehe Erläuterung zum Grundsatzurteil- nicht im Sinne der Verfassungsrichter wäre und überdies einen Eingriff in das Hausrecht darstellt, soll an dieser Stelle festgehalten werden.

V.Die mögliche Praxis in Seelsorge und Beratung

Es ist zu erwarten, dass nach dem Urteil des Bundesverfassungsgerichts die gesetzlichen Bestimmungen vor allem auf die sorgfältige Überprüfung des autonomen Sterbewillens abzielen werden. So wird einerseits die Dauerhaftigkeit des Wunsches eine Rolle spielen, andererseits die nachgewiesene Inanspruchnahme einer Beratung. Hier knüpfe ich noch einmal an die eingangs geschilderte „Fall"vignette an.

Der 92jährige Vater zeigt bezüglich seines Sterbewunsches eine große Ambivalenz, war zu erfahren. Und genau damit kann die Tochter verständlicherweise nur schwer umgehen. Sie könnte den Vater „gehen lassen", sagt sie und würde ihn sogar unterstützen. Aber wenn sie zugleich spürt, dass der geäußerte Wunsch nicht durchgängig besteht und sogar von Widersprüchen gegen die Selbsttötung begleitet ist, weiß sie sich und dem Vater keinen Rat mehr.

Der Titel dieses Beitrags greift diese häufig anzutreffende Konstellation auf: „Hilfe, ich will sterben!" Ist in diesem Satz die feste Gewissheit im Todeswunsch ausgesprochen, die nun um Unterstützung beim Vollzug ruft, weil die eigene Lage die Hilfe Dritter notwendig macht? Oder liegt ein Erschrecken in dem Satz, ein Erschrecken über den eigenen Wunsch und deshalb ein Ruf nach Hilfe zum Leben?

Dies zu klären ist wichtig für die Tochter und das ist nur im guten, vertrauensvollen Gespräch mit dem Vater möglich. Was beschäftigt ihn und was macht ihm Sorge? Gibt es Möglichkeiten, der Sorge anders zu begegnen als durch den Tod? An welchen Werten orientiert sich der Vater, welches Verständnis vom Leben hat sich bei ihm gebildet, welche grundlegenden Überzeugungen und Gewissheiten lassen ihn Erfahrungen und Situationen in welcher Weise deuten? In welchen Beziehungen steht der Vater und wer wäre von seiner Entscheidung betroffen?

Der in der Debatte über den assistierten Suizid und die Tötung auf Verlangen zentrale Begriff der *Selbstbestimmung* muss näher reflektiert werden, erscheint sein Gebrauch doch so, als wüsste jeder und jede, um was es dabei geht: Niemand soll in die selbstbewusste Entscheidung eines für sich selbst verantwortlichen Menschen hineinreden; nicht wenn es um persönliche Fragen des Lebens geht, und das ist die Frage des Sterbens allemal.

Nun geschieht Selbstbestimmung allerdings nicht in einem kontextfreien Raum. Darauf weist nachdrücklich der Palliativmediziner Gian Borasio hin. An dieser Stelle sei sein Buch „selbst bestimmt sterben" ganz besonders empfohlen. „Selbstbestimmung geschieht nicht im luftleeren Raum, sondern wird von einer Vielzahl von Faktoren beeinflusst", schreibt er. (Borasio, 2014, 25) Durch den Umgang mit sehr vielen Patientinnen und Patienten weiß Borasio um diese Einflussfaktoren und hebt dabei besonders die allgemeine Informationslage hervor. Hinter einem Sterbewunsch stehe häufig die Angst vor Atemnot und Ersticken in der letzten Lebensphase, ohne dass die betroffenen Personen um die guten Möglichkeiten der Symptomkontrolle wüssten. Ebenso prägten gesellschaftliche Stimmungen, mediale Darstellungen und

politische Entscheidungen die Diskussion und nähmen Einfluss auf die selbstbestimmte Entscheidung. Selbstbestimmung hat in der Erfahrung des Autors einen wesentlich weiteren Bedeutungshorizont als angenommen und beziehe sich keineswegs nur auf die Frage nach Art und Zeitpunkt des Sterbens. Er nennt Menschen, die im Zusammenhang mit Selbstbestimmung danach fragen, was in verbleibender Zeit wichtig ist. Andere fragen, wie sie wohl bei ihren Angehörigen in Erinnerung bleiben. Und wieder andere machen sich Gedanken darüber, wie es wohl ihren Nächsten nach ihrem Tod ergehen wird. Die Frage nach dem Lebenssinn tauche häufig noch einmal auf. Alles in allem stellt Borasio fest, dass Selbstbestimmung für jeden Einzelnen „in einem komplexen Netz aus sozialen Beziehungen, psychologischen Befindlichkeiten, kulturellen Prägungen und spirituell/religiösen Überzeugungen geschieht." (Borasio, 2014, 144) Wo diese Faktoren in die Beschäftigung einbezogen werden, könnte eine Situation wie in der Schweiz entstehen, wo Borasio unter anderem arbeitet und wo der assistierte Suizid nur 0,7% der Todesfälle betrifft. Größere Bedeutung komme dem „Sterbenlassen" zu, wobei dem Wunsch des Patienten nach Verkürzung seines Lebens mit der Einstellung lebenserhaltender Maßnahmen begegnet werde.
Gute Kommunikation könne den befürchteten Druck auf alte und kranke Menschen durch zu starke Berücksichtigung der Selbstbestimmung mindern. Und wo tatsächlich Druck entstehe, müssten eher gesellschaftliche Umstände und gesundheitspolitische Notstände durch Streben nach Gewinnmaximierung und entsprechender Ressourcenzuteilung infrage gestellt werden.
Vielleicht zu viele Überlegungen und eine Zumutung für Menschen, die einfach nur ihr Lebensende selbstbestimmt gestalten wollen. So könnte man sagen. Ob allerdings dieses „einfach nur" dem schützenswerten Lebensgut gerecht wird, ist ebenso fraglich. Rechtfertigt nicht vielmehr die grundlegende Haltung, dass Leben wertvoll ist und die Würde als unantastbar gilt, den sorgfältigen Umgang mit Leben und Tod?
Für diesen Umgang sind Grundlagen ethischer Urteilsbildung unverzichtbar.

Die ethische Reflexion einer Situation kann sinnvoll nur in dem Bewusstsein stattfinden, dass sie als Situation menschlichen *Handelns* verstanden wird, wie der Theologe Eilert Herms überzeugend dargestellt hat. Das gilt grundsätzlich, also auch für Situationen, in denen ein Sterbewunsch besteht. Dabei ist die Voraussetzung, dass wir die Situation menschlichen Handelns als eine solche verstehen, in der eine Person ihrer selbst bewusst und darum verantwortlich wählt. Wären Entscheidungen über das Handeln weltanschaulich oder religiös absolut determiniert, wäre eine ethische Betrachtung obsolet. Wo aber der Mensch als einer verstanden wird, dem die Fähigkeit zum Handeln und damit die Fähigkeit, über das eigene Verhalten aufgrund eigener Einsicht und Verantwortung zu entscheiden eignet, muss über die Bedingungen des Handelns reflektiert werden.
Wo Menschen *handeln*, treffen sie Entscheidungen, die frei und zielorientiert sind. Gerade mit Blick auf die Zielorientierung ist es deshalb sinnvoll und geboten, mit sterbewilligen Personen eine Verständigung über das angestrebte Ziel herzustellen. Möglicherweise lässt sich das erstrebte Ziel (z.B. die Linderung von Schmerzen) auf anderem Weg erreichen als dem der (assistierten) Selbsttötung. Es gilt also, mit dem

Gegenüber herauszufinden, was die jeweilige Not ausmacht und wie man der speziellen Not begegnen kann (s. Borasio).
Zweitens orientiert sich die Entscheidung bezüglich einer Verhaltenswahl an einer Gewissheit der Person über das Wesen und die Bestimmung des Menschen. Aus theologischer Sicht kann das Wesen des Menschen in drei Aspekten definiert werden:
1.Der Mensch ist geschaffenes und begrenztes (endliches) Wesen
Im älteren Schöpfungsbericht wird gesagt, der Mensch sei von Gott geformt aus Erde / Staub (1.Buch Mose, Kapitel 2, Vers7). Durch Gottes Einhauchung wird der Mensch eine lebendige Seele, hineingestellt in einen ihm vorgegebene, nicht durch ihn geschaffenen Rahmen. So existiert er unter der Bedingung der Grenze als endliches Wesen.
Die Tatsache der Begrenzung und Endlichkeit bezieht sich auf die den Menschen umgebenden natürlichen Ressourcen, auf die Beziehung zum Mitmenschen, auf Raum und Zeit, auf Gaben und Werte und elementar auf den Menschen selbst. Wer sein Leben in verantwortlicher Weise gestaltet, berücksichtigt dabei das Faktum der Begrenzung.
2.Der Mensch ist ein bezogenes Wesen
Der Einzelne wird verstanden als ein Wesen in Beziehung, als Gemeinschaftswesen. In beiden Schöpfungsberichten wird dies elementar geschildert: im jüngeren Bericht erschafft Gott den Menschen als Mann und Frau (1.Buch Mose, Kapitel 1, Vers27); im älteren Bericht entsteht aus der Erkenntnis, dass der Mensch nicht allein sein soll (1.Buch Mose, Kapitel 2, Vers 18), aus der Seite des Adam die Frau. In seiner Geschöpflichkeit ist der Mensch abhängig von anderen und auf Interaktion angelegt. Nur in Beziehung entwickelt der Mensch sein Selbst – das Ich erkennt sich im Du.
Er lebt und gestaltet Beziehung zu sich selbst, zu seinen Mitmenschen, zur natürlichen Umwelt und zu Gott. Und er tut dies in Verantwortung für sein Handeln, was seine Würde als Geschöpf begründet.
3.Der Mensch ist ein aktives Wesen
Der Mensch kann nicht existieren, ohne zu handeln. Menschliches Handeln ist in seinem Wesen die freie Wahl unter verschiedenen Verhaltensalternativen, wobei die Wahl auf den grundlegenden Überzeugungen des Menschen beruht (s.o.). Bezüglich dieser handlungsleitenden Überzeugungen sucht der Mensch Orientierung und Gewissheit. Dabei gehört es zur Lebenserfahrung, dass gewonnene Verständnisse und Maßstäbe sich verändern können, so dass Suchbewegungen neu entstehen und wiederum nach Vergewisserung verlangen.

Auf diesem Hintergrund wird sofort einsichtig, dass gerade schwerwiegende Entscheidungen den Austausch und die ergebnisoffene Beratung notwendig machen. Dies gilt für die Anschauungen über das Wesen des Menschen, wie auch über das Verständnis von seiner Bestimmung, das wiederum in drei Aspekten formuliert werden kann:
1.Der Mensch ist zur Bildung seines Selbst bestimmt
In den neutestamentlichen Briefen ist an manchen Stellen vom Wachsen bzw. Werden die Rede (Epheserbrief, Kapitel 4, Vers15: „Lasst uns wachsen in allen Stücken zu dem hin, der das Haupt ist, Christus.“ / 2.Korintherbrief, Kapitel 4, Vers16: „Wenn auch unser äußerer Mensch verfällt, so wird doch der innere von Tag zu Tag erneuert.“).

Das Sein des Menschen ist ein Sein im Werden, im Wachsen auf die von Gott her bestimmte Gestalt.
Um verantwortlich in der Welt leben zu können, muss der Mensch eine Gewissheit seiner selbst erlangen, was in der Selbstsorge des Menschen geschieht. Diese greift über die vorfindliche Wirklichkeit hinaus und fragt nach den Möglichkeiten zur Ausbildung der Identität.
2.Der Mensch ist zur Repräsentanz Gottes in der Welt bestimmt
Der von Gott geschaffene Mensch hat einen Auftrag zur Zeugenschaft (Jesaja, Kapitel 43, Vers10: „Ihr seid meine Zeugen." / Apostelgeschichte, Kapitel 1, Vers 8: „Ihr werdet die Kraft des Heiligen Geistes empfangen… und werdet meine Zeugen sein.")
Die Realität des biblischen Gottes soll in der Realität des Menschen bezeugt werden. Im Schöpfungsgeschehen ist der Auftrag zur Herrschaft des Menschen über die Schöpfung im Rahmen gesetzter Grenzen definiert (1.Buch Mose, Kapitel 1, Vers28: „Gott segnete sie und sprach zu ihnen: „… und macht sie euch untertan." / 1.Buch Mose, Kapitel 2, Vers 15: „Gott nahm den Menschen und setzte ihn in den Garten Eden, dass er ihn bebaute und bewahrte."). Der Ebenbildlichkeit wird der Mensch gerecht, wo er sich verantwortlich handelnd zu seinem Lebensraum verhält.
3.Der Mensch ist zum ewigen Leben bestimmt
Auferstehungshoffnung und die Vorstellung ewigen Lebens gehören zum Kern biblischer Botschaft, die Ursprung und Ziel des Lebens gedanklich verknüpft. Weil das Ziel des Lebens bereits in seinem Ursprung liegt, kann geschlossen werden, dass der Schöpfer das Leben nicht gibt, um es zu vernichten, sondern um es ewig zu bewahren. Ewigkeit (hebr. *Olam* auch: ‚das Verborgene') meint einen verhüllten und unabsehbaren Zeitraum und wird zur Seinsbezeichnung , zum Namen Gottes (Psalm 90, Vers 2: „…bist du, Gott, von Ewigkeit zu Ewigkeit.") Der von sich sagt: „So wahr ich ewig lebe" (5.Buch Mose, Kapitel 32, Vers40), will und wirkt, dass die Bitte des Beters: „…und leite mich auf ewigem Wege" (Psalm 139, Vers 24), erfüllt wird.
Die erfahrbare Treue Gottes soll und kann das Vertrauen wecken, dass diese Treue im Tod nicht endet (1.Korinterbrief, Kapitel 1, Vers 9: „Gott ist treu, durch den ihr berufen seid zur Gemeinschaft seines Sohnes Jesus Christus." / 2.Thessalonicherbrief, Kapitel 3, Vers 3: „Der Herr ist treu; der wird euch stärken und bewahren vor dem Bösen").

Die theologische Betrachtung geschieht nicht unabhängig von gesellschaftlichen Konsensbildungen. Dies kann man sich verdeutlichen an der Relevanz des grundlegenden Begriff der **Würde,** auch in religiöser Hinsicht.
Nach den Bestimmungen unserer Gesellschaftsordnung, wie sie sich etwa im Grundgesetz findet, ist ein zentrales Kriterium in ethischen Entscheidungen die „Unantastbarkeit der Menschenwürde" (Art.1, Abs.1 GG). Sie besagt, dass jedem menschlichen Individuum ohne Rücksicht auf seine biologischen oder kulturellen Qualitäten für andere eine Würde zukommt, die nicht auf besonderer Leistung beruht. Die so genannte „Objektformel" besagt, dass die Würde eines Menschen angetastet wird, wenn er zum Objekt gemacht und nicht mehr um seiner selbst willen als Subjekt geachtet wird. Die Würde des Menschen kann bei Geltung dieser Bestimmung nicht verletzt werden durch Krankheit oder Schwäche oder Herkunft oder Armut oder Aussehen etc., sondern nur durch den Umgang anderer mit der betroffenen Person.

Die Würde des Menschen wird gewährleistet oder beschädigt in Interaktion, weil der Mensch ein soziales Wesen ist (s.o.). Deshalb müssen Interaktionen den Regeln einer gerechten Gegenseitigkeit entsprechen; ein Übereinanderverfügen, das den Anderen zum Objekt eigener Wünsche und Zielstrebungen macht, widerspricht diesen Regeln.

Im Zusammenhang mit dem Würde-Begriff lohnt sich ein kurzer Blick auf die in der Diskussion um die Sterbehilfe in den Blick genommenen „Sonderfälle". Wie ist unter dem Gesichtspunkt der in der Menschenwürde begründeten Autonomie mit dem Sterbewunsch von Menschen mit psychischer oder demenzieller Erkrankung umzugehen? Gibt es eine Altersgrenze für das Gewähren unterstützter Selbsttötung, wie sie etwa in den Niederlanden bei 12 Jahren liegt? Müsste nicht bei Zulassung des assistierten Suizids konsequenterweise auch der Tötung auf Verlangen stattgegeben werden, wenn ein Mensch aufgrund seiner Situation den letzten Griff zum Medikament partout nicht selbst leisten kann?

Der Jurist und Schriftsteller Bernhard Schlink gibt Hilfestellung bei den Überlegungen zu diesen die Menschenwürde betreffenden Fragen, wenn er ausführt, dass Gewissheiten in Grenzfragen nicht auf „Abstraktionshöhe" zu gewinnen sind (Schlink, 2005, 133), und doch einige Überlegungen wagt. Er ruft in Erinnerung, dass die Würde den Respekt vor der Autonomie des Einzelnen verlangt, der sein Leben gestalten und sich sogar gefährden oder zerstören darf, ohne dass andere besser wüssten, was das Beste für ihn ist. Gleichzeitig aber sehen wir etwa für die Kindheit oder bei Unfähigkeit, die eigenen Angelegenheiten zu regeln, Eltern und Betreuer vor, ohne dass wir die Würde beeinträchtigt sähen. Vielmehr wissen wir, dass die Würde des Kindes womöglich anderes verlangt, als die des Erwachsenen und dass die Würde eines psychisch erkrankten Menschen eher in der Fürsorge geschützt ist als in der unhinterfragten Akzeptanz eines geäußerten Sterbewunsches. So wird bei Suizidabsicht in der akuten Situation eingegriffen, um das Leben zu erhalten. Aus der Tätigkeit als Notfallseelsorger kenne ich reichlich Menschen mit Suizidabsicht, die nach vertrauensvoller und ergebnisoffener Begleitung später ein erfülltes Leben führen konnten. Diese Erfahrung überzeugt mich von der Notwendigkeit einer „Überprüfung" des Suizidwunsches. Gleichzeitig soll die Erfahrung, dass trotz Begleitung Selbsttötungen vollzogen werden und dann zu akzeptieren sind, nicht verschwiegen werden.

Die Tötung auf Verlangen unterschiedslos neben den assistierten Suizid zu stellen, ist abzulehnen. Hier halte ich für nachvollziehbar, was Gian Borasio zu bedenken gibt (Borasio, 2014, 89f.). Er erinnert an den juristischen Begriff der „Tatherrschaft", womit der Unterschied zwischen Selbsttötung und Tötung auf Verlangen darin besteht, dass der Suizidant bis zuletzt die Kontrolle über das Geschehen hat. Er könnte seine Haltung jederzeit ändern und bis zuletzt vom Vollzug der Tat absehen. Mit einer Lebenslage, die die Selbsttötung unmöglich mache, wie etwa im Fall vollständiger Lähmung, zu argumentieren, hält laut Borasio nicht stich: „Jeder Mensch, der in der Lage ist, einen frei verantwortlichen Suizidwunsch zu äußern, ist auch in der Lage (z.B. durch die heute problemlos mögliche Computersteuerung einer Infusion mittels Augenbewegung), die Tatherrschaft über das Geschehen bis zum Ende zu behalten." (Borasio, 2014, 108).

In gezeigter Weise bezieht die theologische Reflexion die Bestimmungen der Gesellschaftsordnung mit ein und stellt zugleich aus christlicher Sicht den Grundsatz der Unantastbarkeit der Menschenwürde in einen weiteren Zusammenhang; nämlich den der Beziehung zu Gott als Ursprung und Ziel des Lebens.
Zur speziellen Beziehungsqualität zwischen Mensch und Gott gehört, dass der Mensch wesensmäßig mit der Gefährdung durch Selbstmissverständnisse rechnet. Es kann in seiner Überschätzung von eigener Macht und Freiheit zur Missachtung von Grenzen kommen – in seiner Ebenbildlichkeit trägt der Mensch göttliche Züge, aber er ist nicht Gott. Das Selbstmissverständnis und die daraus erwachsenden Folgen sind in ihrer Überwindung menschlicher Macht oft entzogen. Wo sie zu Schuld führen, braucht es Vergebung; führen sie ins Böse, braucht es Erlösung.
Mit Blick auf den Umgang mit Sterbewünschen ist dies von zweierlei Bedeutung. Bei diesbezüglicher Unsicherheit auf der Seite der Patientin oder des Patienten kann ein seelsorgliches oder beratendes Gespräch hilfreich sein und zu Klarheit führen. Zum anderen müssten Seelsorger*in oder Berater*in realisieren, dass sich in Vergebung und Erlösung eine Barmherzigkeit zeigt, die vor vorschnellem Urteilen und Verurteilen schützt.

Biblische Zeugnisse über Selbsttötungen geben schließlich zu denken.
Abimelech belagert mit seinen Truppen die Stadt Tebez. Als er am Fuß der Burgmauer von einer Frau mit einem Mühlstein beworfen und schwer verletzt wird, befiehlt er einem Soldaten, ihn zu töten, damit man nicht sage, ein Weib habe ihn besiegt. Und der Soldat gehorcht dem Befehl (Buch Richter, Kapitel 9).
Als Simson der List Delilas erlegen ist und seine Kraft verliert, will er nicht mehr leben. Er stellt sich zwischen tragende Haussäulen, die er wegstemmen will, auf dass das Haus einstürze und ihn und die Gegner unter sich begrabe. Er bittet Gott ein letztes Mal um Kraft für dieses suizidale Vorhaben –ein Selbstmordattentäter- und Gott entspricht der Bitte. Zuletzt wird Simson geborgen und in Ehre bestattet.
König Saul möchte nach der Niederlage gegen die Philister nicht mehr leben, weil er Spott, Hohn und Entehrung durch die Sieger fürchtet. Totkrank ist er also nicht, aber er fordert seinen Waffenträger auf, ihn zu töten. Als dieser die Tötung auf Verlangen ablehnt, stürzt Saul sich in sein eigenes Schwert. Das 1.Buch Samuel informiert im 31.Kapitel nicht über ein Urteil Gottes zu dieser Tat. Es wird vielmehr berichtet, das Sauls Leichnam von seinen Parteigängern geschützt und ehrenvoll bestattet wird (so ist man innerhalb der Kirche nicht zu allen Zeiten mit Suizidanten umgegangen!).
Dies sind nur ausgewählte Beispiele. Wo biblische Geschichten von Selbsttötung erzählen, geschieht es ohne Wertung. Es ist zu ahnen, dass die Zurückhaltung darin gründet, dass Suizid als Grenzfall menschlichen Daseins verstanden wird, der sich einseitigen Bewertungen widersetzt.

Quellen

Borasio Gian, selbstbestimmt sterben, München 2014

Frankfurter Allgemeine Zeitung, Sterbewillige nicht alleinlassen, Den assistierten professionellen Suizid ermöglichen, 11./12.Januar 2021

Herms Eilert, Gesellschaft gestalten, Tübingen 1991

Herrndorf Wolfgang, Arbeit und Struktur, Berlin 2013

Ritter Werner, Selbstbestimmtes Sterben in Würde, in: Deutsches Pfarrerblatt, Nr.5/2020, S.291ff

Schlink Bernhard, Vergewisserungen, Zürich 2005

Simon Alfred, Selbstbestimmt bis zuletzt?!, in: Wege zum Menschen, 72.Jg. 2020, S.475ff

tageszeitung, Akt autonomer Selbstbestimmung, 27.Februar 2020

tageszeitung, Tod auf Bestellung im Pflegeheim, 02.Juli 2020

Sicherheit und Freiheit
Zwei Seiten einer Medaille oder verschiedene Währung?
(2019 - bislang unveröffentlicht)

Es gibt Zeiten, da vergeht kaum ein Tag ohne gesellschaftliche Diskussion über das Verhältnis von Sicherheit und Freiheit und entsprechende Nachrichtenmeldung. Seit dem Angriff auf die Zwillingstürme in New York, den Vergeltungen und dem Aufkommen islamistischen Terrors mit Anschlägen in den europäischen Metropolen in Madrid, London, Paris, Brüssel, Stockholm, Berlin und Barcelona ist die „Bedrohungslage" zum Alltagsszenarium geworden. Um das Sicherheitsempfinden der Bevölkerung zu stabilisieren, verhängen Regierungen den Ausnahmezustand, lassen Spezialeinsatzkräfte patrouillieren und weiten die polizeilichen Zugriffs- und Überwachungsmöglichkeiten aus. Vorratsdatenspeicherung und die Ausstattung des öffentlichen Raums mit Kameras sorgen für hitzige Debatten. Und um in der Bevölkerung eine entsprechende Stimmung zu unterstützen, wird in den TV-Krimi-Serien kein Kapitalverbrechen mehr ohne die Bilder der Videoüberwachung, scheinbar das Kernstück polizeilicher Arbeit, aufgeklärt.
Im Dezember 2018 kam die Nachricht, die Stadt Mannheim starte einen Überwachungsversuch an Kriminalitätsbrennpunkten, bei dem die künstlich-intelligente Kamera frühzeitig verdächtige Bewegungen erkennt und direkt auf den Monitor der nächsten Polizeistation meldet, so dass binnen drei Minuten eine Streife vor Ort eintreffen und Übeltäter dingfest machen kann. Diese Algorithmen basierte Form der Überwachung soll Verhaltensmuster erkennen, die auf eine beabsichtigte Straftat hindeuten – ein europaweit einzigartiges Projekt, wie der Innenminister betont. Um skeptische Datenschützer zu beruhigen, wird durch die Verantwortlichen mitgeteilt, dass nach 76 Stunden alle erhobenen Daten gelöscht werden; das heißt nach drei Tagen. Dieser Zeitraum ist offensichtlich notwendig für die Auswertung der großen Datenmengen, ohne die das auf zunächst fünf Jahre angelegte Projekt nicht funktionieren würde. In der Nachrichtensendung werden zufriedene Bürger*innen auf dem Vorplatz des Mannheimer Hauptbahnhofs interviewt. Man fühlt sich gleich sicherer; vor allem in den Abend- und Nachtstunden. Wer kann etwas dagegen haben, wenn Menschen auf öffentlichen Plätzen durch Überwachung vor kriminellen Taten geschützt werden? Auf mehr Ablehnung stößt dagegen eine Erfassung von Kraftfahrzeugen, um Verstöße gegen die Abgasnorm zu dokumentieren und zu ahnden. Hier vermutet der kritische Bürger, dass eine blaue Plakette zur Erkennung zulässiger PKW die einfachere Lösung wäre.
Allerdings liefert die Plakette keine Daten. Und Daten sind wichtig, wenn auf dem Feld der Digitalisierung der weltweit erste Rang angestrebt wird. Derzeit konkurriert China mit den USA um den ersten Platz. Zwar werden in den Vereinigten Staaten die meisten Patente Künstlicher Intelligenz angemeldet. Aber in keinem anderen Land können so ungehindert Daten gesammelt werden wie in China. In den nächsten zwei Jahren, so der aktuelle Plan, soll die Zahl der Überwachungskameras von 170 Millionen auf 400 Millionen gesteigert werden. Sämtliche Straßenzüge sollen dabei erfasst werden; daneben Wohngebäude, Fabriken und öffentliche Toilettenanlagen. Ausgestattet mit Gesichtserkennungssoftware lassen sich Personen identifizieren und Bewegungs-

profile abbilden. „Ein Gefühl der Sicherheit ist das beste Geschenk, das ein Land seinen Bürgern machen kann“, argumentiert der Präsident im Nationalfernsehen. (Le Monde diplomatique 2019, 18)
Dies alles ist einerseits ökonomisch von hohem Interesse, andererseits von Vorteil für staatliche Kontrollmechanismen. Beispiel: Google und Amazon eröffnen im Weihnachts-Kauf-Rausch Ladengeschäfte, in denen ganz analog verfahren wird. Auf diese Weise lässt sich mit Kameras das Konsumverhalten der Kunden noch präziser analysieren. Aufzeichnungen vom Interesse der Kunden an bestimmten Artikeln machen es möglich, nach der Weihnachtszeit passgenaue Kaufempfehlungen online zu platzieren.
Peking plant mit der Einführung des Social-Scoring-Systems das Verhalten jedes Bürgers unter Beobachtung zu stellen, um bei Vorbildlichkeit zu belohnen und bei Verstößen zu sanktionieren. Da diese Maßnahmen nur auf der Basis von Algorithmen umsetzbar sind, erfordern sie das Sammeln ungeheuer großer Datenmengen. Und auf vielen Wegen ist an die Daten heranzukommen. Ein Gewinnspiel im Thai-Restaurant erfragt neben Namen auch den Wohnort, die Telefonnummer und die mail-Adresse. Ein gegenwärtig produzierter PKW ist neben Transportmittel eine große Datensammel- und -liefermaschine.

Bereits wenige Tage nach Nine-Eleven hat Susan Sontag die Besonnenheit und den Mut aufgebracht, mitten in die Kriegs- und Vergeltungsrhetorik ihres Präsidenten und vieler Medienvertreter*innen hinein der „Kampagne zur Infantilisierung der Öffentlichkeit“, wie sie es nannte (Sontag 2008, 143) zu widerstehen. „Wo findet sich das Eingeständnis, dass dies kein ‚feiger‘ Angriff auf ‚die Zivilisation‘ oder ‚die Freiheit‘ oder ‚die Menschheit‘ oder ‚die freie Welt‘ war, sondern ein Angriff auf die selbsternannte Supermacht dieser Erde, unternommen infolge ganz bestimmter Allianzen und Aktionen, auf die Amerika sich eingelassen hat.“ (ebd.) Solcherlei Sätze haben Stürme der Entrüstung gegen die Autorin ausgelöst, dabei bezeichnet sie eine bewaffnete Reaktion als notwendig und gerechtfertigt (Sontag, 2008, 153). Allein das Erklärungsmodell, es handele sich um den Kampf zweier rivalisierender Systeme, wovon das eine als fortschriftlich, liberal und tolerant zu gelten habe, das andere als altertümlich, unaufgeklärt und religiös verblendet, scheint ihr gefährlich. Ein Jahr nach dem verheerenden Anschlag bezeichnet Susan Sontag in einem Beitrag für die New York Times die militärische Reaktion als einen „Krieg, bei dem kein Ende abzusehen ist“, weil „es immer verabscheuungswürdige Terroristen geben“ wird. (Sontag 2008, 157) Gleichzeitig bedauert sie, dass in einem „Misstrauen gegen das Denken“ all jene, die gegen Schwarz-Weiß-Deutungen Zweifel anmelden, der Vorwurf zuteil wird, sie verharmlosten die barbarischen Angriffe und sprächen der ‚freien Welt‘ das Recht ab, ihr bloßes Leben und ihre Werte zu verteidigen. Sontag: „Ich will es noch klarer sagen: Ich zweifle nicht daran, dass es einen bösartigen… Feind gibt, der sich dem meisten von dem, was mir lieb und teuer ist, widersetzt –und dazu gehören Demokratie, Pluralismus, Säkularismus, die absolute Gleichstellung der Geschlechter… Nicht einen Moment zweifle ich daran, dass es die Pflicht des amerikanischen wie jedes anderen Staates ist, das Leben seiner Bürger zu schützen. Was mich allerdings mit Zweifeln erfüllt ist die Pseudoerklärung eines Pseudokrieges.“ (Sontag 2008, 162)

Deutlicher lässt sich eine differenzierte Haltung kaum ausdrücken. Mit dieser Haltung sollte grundsätzlich den Fragen über Sicherheit und Freiheit begegnet werden.

Nun ist mir in der Lektüre biblischer Psalmen ein Aspekt aufgetaucht, der mir für die Überlegungen zum Verhältnis von Sicherheit und Freiheit aus theologischer Sicht interessant erscheint. Der 31.Psalm birgt eine ganze Reihe landläufig bekannter Verse. Mit den Psalmsätzen „Meine Zeit steht in Gottes Händen“ (Vers 16) und „Du stellst meine Füße auf weiten Raum“ (Vers 9) waren gleich zwei Verse Kirchentagsmotto (1989 und 2001). Weniger gängig ist der 22.Vers: „Gelobt sei der Herr; denn er hat seine wunderbare Güte mir erwiesen in einer festen Stadt.“ So heißt es in der Übersetzung nach Martin Luther. Im Kontext der vorauslaufenden Verse, wo sich im Psalm die Anklage gegen Feinde findet und die Zuversicht auf den Schutz Gottes vor Verfolgern, kann die Übersetzung des Verses nur als Lob der Sicherheit in der befestigten Stadt gelesen und verstanden werden. Und tatsächlich weist das hebräische Wort im ursprünglichen Text auf eine sichere Festung hin.
Umso mehr fällt auf, dass die Übersetzung Martin Bubers in eine andere Richtung geht. Dort heißt es: „Gesegnet ER, denn wunderbar lieh er mir seine Huld in eingeengter Stadt.“ In dieser Übertragung ins Deutsche muss man davon ausgehen, die von Gott erwiesene Freundlichkeit zeige sich darin, dass er aus einer bedrängten Stadt heraus in die Freiheit führt und damit Befreiung schenkt. Unterstützt wird dieser Eindruck durch die Übersetzung Moses Mendelssohns, wo zu lesen ist: „Dank sei dem Ewigen! Wunderbar bewies er seine Güte mir in der belagerten Stadt.“ Die belagerte, die bedrängte Stadt wird doch für den Psalmbeter nicht zum Kerker oder zur Todeszelle, aus der es kein Entrinnen gibt. Die Güte zeigt sich in Befreiung. Selbstverständlich sind die Übersetzungen von Buber und Mendelssohn gedeckt, bedeutet eben das hebräische Wort nicht nur „Festung“, sondern kann auch für „Belagerung“, „Drangsal“ und „Bedrängnis“ stehen.

Derart auf die Spur gesetzt, folge ich einigen biblischen Linien zur Bestimmung des Verhältnisses von Sicherheit und Freiheit. Natürlich kommt zuerst in den Sinn, dass das 2.Mosebuch in seinen 40 Kapiteln von nichts anderem handelt als von Freiheit. Ein Volk in ägyptischer Sklaverei wird in die Freiheit geführt. 600000 Personen ziehen in die Wüste, wo sie am Sinai die Gebotstafeln empfangen und damit einen Gottesbund schließen, der bis auf den Tag besteht. 40 Jahre dauert die Wüstenwanderung, die als geschichtliches Geschehen durch die Generationen hindurch die Identität bestimmt, und zwar im Sinne der jeweiligen Identitätsbildung als Ereignis und nicht als feststehendes Konflikterklärungsmodell. (Sznaider 2017, 236) Die jüdischen Feiertage und Feste, die den Lebensalltag prägen, führen deutlich vor Augen, dass es in einer Lebensgestaltung, die sich in tätiger Gottesbeziehung gründet, im Wesentlichen um das Freiheitsmoment geht. Besonders anschaulich findet es sich bei *Sukkot*, dem siebentägigen Herbstfest, bei dem die Familien Laubhütten bauen, in denen sie während des Festes wohnen. Diese Hütten erinnern daran, „dass selbstgebaute Sicherheiten, auch wenn sie als Segen erfahren werden, nicht das äußerste im menschlichen Streben sein dürfen.“ (Aschkenasy 2010, 98) Die biblischen Lesungen, die während der Festtage zu hören sind, drehen sich allesamt um die falschen

Sicherheiten, denen der Mensch so gern traut, wo er doch bei realistischem Blick auf seine Lebenstage feststellen muss, dass das Leben letztlich unverfügbar und nicht zu sichern ist –trotz aller Vorkehrungen, die einem notwendigen Maß an Sicherheit dienen. Gott stellt keine Versicherungspolicen aus, Gott führt in freiheitliche Bewegungen.
Schawu'ot, 50 Tage nach dem Pessachfest, feiert das Sinaigeschehen als Abschluss des Befreiungsprozesses. Vielleicht ist es naheliegend zu fragen, was das Auferlegen von Gesetzen mit Freiheit zu tun hat, aber nach jüdischer Vorstellung und Erfahrung sind die Gebotsworte nicht Last, sondern Orientierung, nicht Enge, sondern die Eröffnung von Möglichkeiten, nicht willkürliche Auflage, sondern Hinweis auf Daseins-Sinn, nicht Zwang, sondern Freiraum. Freiheit ist das Ziel der Gebote, denn mit dem Auftrag zur Erfüllung wird neben einer ‚Freiheit *aus…*' die Freiheit *wozu*' eingeführt. Das *Pessachfest* als Erinnerung an den Auszug aus der Sklaverei hat zahllose Befreiungsbewegungen inspiriert. „Let my people go" ist ein entsprechender Mottogesang vieler Bewegungen, der zurückgeht auf die Forderung des Mose gegenüber dem Pharao: „Lass mein Volk ziehen!" (2.Buch Mose, Kapitel 10, Vers 3). Kritisch merken Aschkenasy und andere in ihren Tenachon zu den jüdischen Festen an, dass allerdings häufig die Fortsetzung des Verses ausbleibt, wo es heißt: „…dass es mir diene." (Aschkenasy 2010, 37) Zum Dienst für Gott soll Freiheit bestehen. Sie ist die Lösung aus allen Zwängen, Sorgen und Ängsten, die das Leben allzu oft bestimmen. Diese Freiheit ermutigt, jegliche Sklavenmentalität abzulegen. Und Mut gehört zur Freiheit, denn Mut erfordert es, mit vergangenen Selbstverständlichkeiten und scheinbaren Sicherheiten zu brechen.
Freiheit zum Dienst für Gott heißt, an der Umsetzung seines Willens mitzuwirken, der sich in den Geboten ausdrückt – Raum zu schaffen für friedliche Begegnungen, Gerechtigkeit zu üben; auch gegenüber Fremden, Güte zu zeigen; also Taten der Verbundenheit, für die Wahrheit einzustehen, der Natur mit Respekt zu begegnen und die geschenkte Freiheit nicht kurzschlüssigen Sicherheitsversprechen zu opfern. Freiheitsgedanken durchziehen die gesamte jüdische Glaubenswelt. Vom wöchentlichen Schabbat, dem Ruhetag, der in seinen beiden Deutungssträngen (2. Buch Mose, Kapitel 20, Vers 8 und 5.Buch Mose, Kapitel 5, Vers 12) neben dem meditativen auch besonders den sozialen Charakter betont, über den Jahresbeginn Rosch haSchana, der einen Befreiungsakt erinnert, bei dem sich das Volk Israel einen eigenen Kalender gab (2.Buch Mose, Kapitel 12, Vers 2) und damit „die aufgenötigten Erfahrungen der ägyptischen Herrschaft von Zeit und Wirklichkeit ablegten" (Aschkenasy 2010, 160), bis zum großen Versöhnungstag Jom Kippur, der für die Möglichkeit des neuen Anfangs steht, atmet diese Tradition Freiheitsluft.

Der Jude Jesus, der nun wahrlich nicht als Sicherheitsfanatiker in die Geschichte eingegangen ist, bewegt sich in den beschriebenen Spuren des Glaubens seines Volkes. So hat er es gelernt, in der Schrift studiert und im Handeln belegt. Es war ihm wortwörtlich in die Wiege gelegt, die in seinem Fall ein Futtertrog gewesen sein soll. Dem nachzufolgen ist eine ernste, weil unsichere Angelegenheit. Schließlich sind es die Füchse, die Gruben haben und die Vögel, die in Nestern sitzen, während „der Menschensohn nichts hat, wohin er sein Haupt legt". (Matthäusevangelium, Kapitel

18, Vers 20) Vom Schätze sammeln rät Jesus ab, weil dies viele Sorgen nach sich zieht (Matthäusevangelium, Kapitel 6, Verse 19ff) mit Blick auf die Sicherheitslage. Und beim Evangelisten Lukas erzählt Jesus die Geschichte von einem Kornbauern, der es zu was gebracht, sich in alle Richtungen abgesichert hat und am Abend zur Ruhe legt, jedoch den nächsten Morgen nicht mehr erlebt. „Wer ist unter euch, der, wie sehr er sich auch (um Sicherheiten) sorgt, seines Lebens Länge eine Spanne zusetzen könnte", fragt Jesus (Lukasevangelium, Kapitel 12, Vers 25). Es ist sicher nicht ohne Bedeutung, dass Jesu Überlegungen zu Sicherheitsfragen im Zusammenhang von Besitz, Karriere und Status stehen.

Bei allem Sicherheitsbedürfnis kann die „feste Stadt" zum selbstgemachten Käfig werden, der einengt und Lebensbewegungen massiv behindert. Solche Entdeckungen können mahnen und auch entspannen, wenn unter Verweis auf Sicherheitsmaßnahmen allerlei Interessen von Ökonomie und Kontrolle bedient werden. Mit Angst vor möglicher Bedrohung lässt sich fast alles erklären. In der jüngsten Veröffentlichung des Soziologen Richard Sennett ist zu lesen: „Die christliche Obrigkeit in Venedig rechtfertigte die Einschließung der Juden ins Ghetto mit Sicherheitserwägungen." (Sennett 2018, 167)

Quellen

Aschkenasy Yehuda u.a., Die jüdischen Feste, Uelzen 2010
Buber Martin, Die Schriftwerke, Gütersloh 1976
Le Monde diplomatique, Internationale Beilage der taz, Januar 2019
Mendelssohn Moses, Die Psalmen, Zürich 1998
Sennett Richard, Die offene Stadt, München 2018
Sontag Susan, Zur gleichen Zeit, München 2008
Sznaider Natan, Gesellschaften in Israel, Berlin 2017

Gottes Sonne über Gute und Böse

(Vortrag im Rahmen einer Bibelarbeit mit Pfarrer*innen in Siebenbürgen im Mai 2010)

Auf dem Weg zu einer authentischen Spiritualität ist es immer wieder eine gute Übung, sich selbst mit genau *dem* zu konfrontieren, was genau betrachtet den größten Widerstand erzeugt. Mit einem Aufzug zu fahren oder sich in eine Menschenmenge zu wagen, wenn man eigentlich klaustrophobisch veranlagt ist, also Angst vor engen Räumen hat, ist nicht nur verhaltenstherapeutisch oft sinnvoll, sondern eben auch spirituell betrachtet. Schließlich geht es ja bei der Spiritualität darum, worauf ich allein mein Vertrauen setze im Leben und im Sterben. Habe ich also eine tiefe Abneigung gegen den Bettler in der Einkaufszone, dann sollte ich ein paar Stunden mit ihm verbringen. Wenn ein Mensch aus dem islamischen Kulturkreis Unbehagen oder Angst bei mir auslöst, könnte ich überlegen, einen Tag lang etwas mit ihm gemeinsam zu unternehmen. Es wird mit Sicherheit meine Haltung verändern und es wird mir eine spirituelle Erfahrung sein.
Nun ist das nicht nur im Umgang mit Menschen so. Es kann sich auch um Dinge, Ideen, Gedanken oder Texte handeln. Ich habe mich einmal persönlich gefragt, was an der biblischen Botschaft mir besondere Schwierigkeiten macht. An welchen Stellen regt sich mein Widerstand? Wo mache ich beim Predigen gern mal einen Bogen? An welchen Worten oder Geschichten reibe ich mich?
Bevor ich es Ihnen sage und dann konkret die biblischen Texte heranziehe, muss ich zum Verständnis zweierlei voranstellen. Das ist zum einen eine Sachauskunft; zum anderen ein persönlicher Hinweis.

Die Sachauskunft: Ich erinnere daran, dass es mit Abwehrmechanismen zu tun hat, wenn von „Widerstand" die Rede ist. Weil der Mensch ein Wesen mit einer Fülle von Bedürfnissen ist, ist er gleichzeitig auch seelischen Gefahren ausgeliefert, denn Bedürfnisse wecken immer die Angst, nicht befriedigt werden zu können. Um genau diese Angst abzuwehren, entwickelt der Mensch schon sehr früh im Lauf seines Lebens Abwehrmechanismen, die eine Schutzfunktion haben. Sie helfen im Falle eines Konflikts, ganz gleich ob eine reale äußere Gefahrenquelle besteht oder auch im Inneren ein unerlaubtes Gefühl auftaucht. Als Schutz sind Abwehr und Widerstand etwas ganz Normales. Wir kennen das als *Verdrängung*, wenn das, was beunruhigen könnte, gar nicht erst ins Bewusstsein tritt. Wir kennen das als *Isolierung*, wenn tief bewegende Inhalte so geschildert werden, dass die emotionale Bedeutung harmlos erscheint (eine Ehefrau schildert z.B. die Beziehung zum verstorbenen Mann völlig emotionsfrei in betont sachlicher Haltung). Wir kennen das auch als *Projektion*, wenn ich in mir einen Wunsch etwa nicht zulassen kann und ihn dann auf die Umwelt übertrage. Manchmal wird sogar an anderen bekämpft, was ich in mir selbst nicht zulassen kann, die Schattenseiten, die ich an mir nicht sehen will.

Nun der persönliche Hinweis: Ich bin von Natur aus oft äußerst genau und kenne meine zwanghaften Seiten. Im Studium hat mich die Dogmatik besonders angesprochen – hier weiß man so scheinbar genau, was richtig ist und was falsch. Manchmal neige ich zu einfachen Mustern und bilde mir ein, um Gut und Böse zu wissen – das macht für mich die Welt aushaltbar, und wenn ich auf der Seite der Guten stehe; umso besser! Ich finde das nicht gut, aber ich habe auch Angst, in Beliebigkeit zu verfallen oder indifferent zu werden. Da muss ich mich immer wieder kontrollieren – ja genau: Kontrolle war ein ganz wichtiges Stichwort in meiner Biografie. Wo ich Kontrolle ausübe, vermeide ich Überraschungen, werde ich sicher, büße aber auch Kreativität und Spontaneität ein.

Als Christ frage ich mich nun, welche Rolle Gott und seine befreiende Botschaft in diesem Zusammenhang spielt. Wie meint Gott mein Menschsein? Was sagt seine Botschaft zum Leben in Gegensätzen, zur Einheit in aller Vielfalt, zu Gut und Böse? Das sind Fragen, die ich mir auf dem spirituellen Weg stelle. Und nun greife ich den Gedanken vom Eingang auf und schaue dorthin, wo sich bei mir Widerstand regt, wo ich gern einen Bogen mache, wo ich mich reibe.

Ich greife zu einem Text, der zu den bekanntesten Texten gehört, wie ich vermute. Er steht bei Markus im 10. Kapitel – wir hören da von Kamel und Nadelöhr:
Markusevangelium, Kapitel 10, Verse 17 – 27

Mit einem Text haben wir es hier also zu tun, der einerseits herausfordert und zugleich zu der von mir gelegten Themenspur passt, der Frage nämlich nach dem guten, nach dem richtigen Leben. *„Guter Meister, was soll ich tun, damit ich das ewige Leben ererbe?"*
Die Gebote werden genannt, aber mit der Aufzählung bloßer Werte ist es offensichtlich nicht getan. Zunächst stellen wir einmal fest, dass der Text von großer Freundlichkeit bestimmt ist. Jesus *gewinnt den Reichen lieb*, heißt es da, und gewiss fehlte es diesem Mann nicht an gutem Willen. Und doch wird es eine Geschichte des Scheiterns: *Es ist leichter, dass ein Kamel durch ein Nadelöhr gehe, als dass ein Reicher ins Reich Gottes komme."* Das ist ganz und gar nicht behutsam; das ist ungemütlich – so empfinde ich das, auch wenn ich nicht zu den „Reichen" gehöre, aber doch mehr als genug besitze. Ungemütlichen Aussagen in der Bibel kann man ausweichen, indem man erklärt, dass es *so* ja nicht gemeint sei. Und so ist es auch mit diesem Text häufig genug geschehen. Wenn es für ein Kamel unmöglich ist, durch' s Nadelöhr zu gehen, dann ist an dieser Stelle vielleicht das Kamel kein Kamel und das Nadelöhr kein Nadelöhr. Statt *kamelos*, so schlägt man vor, könnte man *kamilos* lesen, was dann aus dem Kamel ein Schiffstau macht. Das „Nadelöhr" kann auch als Bezeichnung eines engen Stadttores durchgehen. Und auf einmal ist es gar nicht mehr so unmöglich. Vielleicht kriegt man ein Schiffstau durch ein besonders großes Nadelöhr. Vielleicht passt ja ein Kamel mit ein bisschen Geduld und Spucke durch ein enges Stadttor.
Gegen diese Versuche gibt es aber einen guten Einwand: warum, müsste man fragen, entsetzten sich die Jünger so sehr, als sie die Worte Jesu hörten? Hatten sie nicht gemerkt, dass das Kamel kein Kamel oder das Nadelöhr kein Nadelöhr ist? Hatten sie sich verhört und statt *kamilos* doch eher *kamelos* verstanden? Oder kannten sie sich in der Bezeichnung der Stadttore ihrer Heimat nicht so gut aus wie die modernen Wissenschaftler. Sehr unwahrscheinlich! Also täten wir gut daran, ebenso wie die Jünger zu erschrecken.

Da lief einer herbei und stellte Jesus eine Frage. Bevor er die Frage stellt, zeigt er mit einer Geste – er fällt auf die Knie – und mit einer Anrede – „guter Meister“-, dass er mehr erwartet, als eine *Meinung* zu hören. Er fragt als jemand, der bereit ist, unter die Antwort sein Leben zu stellen. Um das Leben geht es und zwar um das unvergängliche, um das „ewige“ Leben. Die Frage lautet nicht: Was muss ich tun, um ewig zu leben? Vielmehr: Wie muss ich leben, dass ich mich auf *die* Dinge verlasse, die nicht die Motten fressen. Um das Unvergängliche, Unzerstörbare, Bleibende geht es, und daran möchte der Fragende jetzt schon Anteil haben. Worauf setze ich mein Vertrauen, so dass es trägt – jetzt und immer?
Vielleicht möchte der, der gefragt hat, einen Satz hören, der in markanter Weise bündelt, was *dieser* Lehrer zu sagen hat. Es werden mehrere Antworten sein, die Jesus gibt, und jede überrascht. Die erste Antwort ist eine Rückfrage, die nach Zurechtweisung klingt:
„Was nennst du mich gut? Niemand ist gut als Gott allein!“
Jesus verweist auf Gott – als einziger *gut* ist der *einzige* Gott – so müsste man die griechische Formulierung in ihrer zweifachen Bedeutung wiedergeben. Bevor später von den einzelnen Geboten die Rede sein wird, kommt das erste Gebot besonders in den Blick. Jesu Zurückweisung der Anrede „guter Meister“ ist nicht nur Geste der Bescheidenheit, sondern bereits Antwort auf die Frage nach dem unvergänglichen Leben, indem allein auf Gott verwiesen wird. Gut ist einzig Gott! Es geht um die Unterscheidung *des* Guten und *des* Bösen, nicht um die Trennung zwischen *den* Guten und *den* Bösen. Das wird manchmal im Eifer mancher Diskussion – auch innerhalb der geschwisterlichen Kirche Jesu Christi – verwechselt.
Die Antwort Jesu beginnt also mit dem Hinweis auf Gott und alle weiteren Worte bekommen hier ihren Leitton.
Die Antwort geht weiter:
„Du kennst die Gebote: du sollst nicht töten; du sollst nicht ehebrechen; du sollst nicht stehlen; du sollst nicht falsch Zeugnis reden; du sollst niemanden berauben; ehre Vater und Mutter.“
Der angefragte Meister formuliert keine besonderen Lehren, nicht *seine* Lehre. Der, der fragt, wird zurück verwiesen an das, was ihm vertraut ist; er erfährt nichts, was er nicht schon weiß. Den Geboten fügt Jesus kein einziges Wort hinzu, keine eigene Erklärung, keine eigene Moral. Die Antwort auf die Frage, worauf setzen soll, wer Anteil am unvergänglichen Leben haben will, ist der Hinweis auf die Gebote.
Der Mann antwortet: *„Meister, das habe ich alles gehalten von meiner Jugend auf.“*
Diese Rede ist manchmal als heuchlerisch abgetan worden. Ich glaube, für das weitere Verstehen hängt alles daran, darin eine ehrliche Auskunft zu hören. Wir haben zunächst einmal keinen Anlass daran zu zweifeln, dass der Mann aufrichtig redet. Er hat nicht getötet, hat die Ehe nicht gebrochen, hat nicht gestohlen, ist nicht als bestochener Zeuge vor Gericht aufgetreten, hat seine Eltern respektvoll behandelt.
„Und Jesus sah ihn an und gewann ihn lieb. Und er sprach zu ihm: eines fehlt dir. Geh hin, verkaufe alles, was du hast, und gib‘ s den Armen, so wirst du ein Kapital im Himmel haben.“
Wir haben eine entscheidende Stelle des Bibeltextes erreicht. Eines fehlt dir, sagt Jesus. Der Mann soll alles, was er hat, verkaufen, den Erlös den Armen geben und Jesus

folgen. Der Hinweis Jesu wirft verschiedene Fragen auf: Fehlt immer *dieses* eine oder fehlt *diesem* einen, dieses eine? Oder fehlt immer noch etwas, wenn die Gebote gehalten sind. Wird hier grundsätzlich bestimmt, dass Jesus nur nachfolgen darf, wer arm ist? Oder ist es für diesen konkreten Menschen die Voraussetzung? Ist der Verkauf des Besitzes die moralische Vorleistung für die Nachfolge? Oder geht es darum, jemanden auf die Probe zu stellen?
Ich kann nicht auf jede Frage einzeln eingehen und erinnere noch einmal an die Grundfrage des Textes: Was soll ich jetzt tun, damit mein Leben, mein reales gegenwärtiges Leben, schon Anteil am unvergänglichen Leben hat? Der Hinweis auf die Gebote macht meines Erachtens folgendes deutlich: Indem ich durch das Halten der Gebote die Freiheit und die Lebensbedürfnisse meiner Mitmenschen beachte und für sie eintrete, tue ich auch etwas für *meine* Freiheit und *meine* Lebensbedürfnisse. Was ich anderen zukommen lasse, kommt auch mir selbst zugute.

Für den, der die Gebote gehalten hat und dennoch mit der Frage beschäftigt ist, was er tun muss, um am unzerstörbaren Leben teilzuhaben, hat Jesus eine weitere Antwort: *„Verkaufe, was du hast und gib' s den Armen und folge mir nach."*
Das ist es, was fehlt – jedenfalls *diesem* fehlt. Die Anweisung lässt an Klarheit nichts zu wünschen übrig. Ich höre hier weniger ein weiteres Gebot. Ich höre hier auch nicht das Postulat des Armutsideals (denken wir nur daran, wie biblische Texte missbraucht werden, um Arme arm bleiben zu lassen!!). Ich höre eine Ermutigung: nur eines fehlt dir, nämlich aus Freiheit denen zu folgen, die ihr Leben jetzt schon so führen, dass es einen Vorgeschmack des Himmels spüren lässt. Also: Befreie dich von allem, was dich bindet! Wenn du loslassen kannst, was dich festhält, bist du dem unvergänglichen Leben nähergekommen!
Worauf es mir für unseren Kontext ankommt ist ein bestimmter Aspekt des Textes: Es geht nicht darum, unumstößliche Wahrheiten aufzustellen und Prinzipien aufzurichten. Jesus begegnet einem bestimmten Menschen und er setzt sich mit diesem bestimmten Menschen auseinander.
Lassen Sie mich kurz einen Abschnitt aus dem Lukasevangelium erinnern: *„Und als sie wanderten, sagte einer auf dem Weg zu ihm: Ich will dir nachfolgen, wohin du auch gehst. Und Jesus sprach: Die Füchse haben Gruben, die Vögel haben Nester; der Menschensohn dagegen hat nichts, wohin er sein Haupt legen kann. Er sprach zu einem anderen: Folge mir nach! Der antwortete: erlaube mir, zuvor hinzugehen und meinen Vater zu begraben. Er sprach zu ihm: Lass die Toten ihre Toten begraben. Du aber geh hin und verkündige das Reich Gottes. Es sagte ein anderer: Ich will dir nachfolgen; zuvor erlaube mir, von denen, die in meinem Haus sind, Abschied zu nehmen. Jesus aber sprach zu ihm: Niemand, der seine Hand an den Pflug legt und sieht zurück, ist geschickt für das Reich Gottes."* (Lukasevangelium, Kapitel 9, Verse 57ff.)
Wir wissen nichts Näheres über die, denen Jesus solches sagt. Vielleicht waren sie reich. Ihnen wird nicht gesagt, dass ihnen das eine fehle, nämlich alles zu verkaufen. Aber auch ihnen wird Schweres abverlangt. Es ist nicht immer der Reichtum, der Menschen hindert, frei zu sein. Das Erschrecken der Jünger in unserem Bibeltext zeigt, dass die Schwierigkeit grundsätzlicher ist. Ginge es nur um

den Reichtum, wären sie fein raus als solche, die gewiss nicht reich waren. In Lukas, Kapitel 8 wird berichtet von einer Gruppe offenbar betuchter Frauen, die Jesus nachfolgten, Jüngerinnen waren und die Gruppe um Jesus aus ihrem Besitz versorgten. Sie folgen nach und zeigen damit, dass es für sie eine Möglichkeit zur Nachfolge gibt, ohne den ganzen Besitz zu verkaufen. Es können sehr unterschiedliche Dinge sein, die Menschen daran hindern, frei zu werden. Jesus vermittelt keine allgemeinen Wahrheiten. Die Wahrheit Jesu muss sich im Leben finden. Das heißt für mich: der biblische Text ist keine abstrakte Wahrheit. Er wird zur Wahrheit, wenn er sich in meinem Leben bewahrheitet.

Der sympathische Reiche in Markus, Kapitel 10 scheitert:
„Er wurde aber unmutig über das Wort und ging traurig davon; denn er hatte viele Güter."
Die Hürde ist zu groß. Machen wir uns bewusst: Es gibt kein Verbot für Kamele durch das Nadelöhr zu gehen. Dem Reichen wird nicht untersagt, ins Gottesreich zu kommen, jetzt schon so zu leben, dass sein Leben Anteil hat am unvergänglichen Leben. Es wird nicht erzählt, dass er es nicht *darf*, sondern dass er es nicht *kann*. Von *einer* Erfahrung ist hier die Rede und nicht von einer Einteilung der Menschen in Richtige und Falsche, Gute und Böse. In diesem konkreten Fall hat sich gezeigt, dass ein Mann in dem Moment, als er aufgefordert wird, sich von seinem Besitz zu trennen, gewahr wird, woran sein Herz hängt und worauf er sich verlässt. Wie sehr er doch an seinem Besitz hängt! Da fällt uns gewiss Luthers Auslegung des ersten Gebotes ein: Woran du dein Herz hängst, das ist dein Gott.
Und wir merken noch einmal, wie zentral das erste Gebot in unserem Text ist. Ich sagte es vorhin bereits: die allererste Antwort Jesu – *„was nennst du mich gut; niemand ist gut als Gott allein!"* – ist der entscheidende Satz der ganzen Geschichte. Wenn einzig Gott gut ist, darf kein Gut Gott sein!
Nebenbei bemerkt: In vielen Texten kritisiert Jesus die Bindekraft von Besitz, Macht und Prestige, die den Menschen unfrei machen. *Dass* sie unfrei machen, ist für Jesus kritikwürdig. Und kritikwürdig ist für ihn, wie sie sich auswirken, zum Leiden der Menschheit nämlich. Politische Unterdrückung und wirtschaftliche Massenarmut, verseuchte Flüsse und Seen, illegale Giftmülldeponien, ein niedriges Lohnniveau für Frauenarbeit in der Bekleidungsindustrie mit Überstunden bis zur Erschöpfung und Kinder, die in einem Netz unterirdischer Kanäle leben sind nicht einem unverfügbaren Schicksal geschuldet, sondern Auswuchs menschengemachter Not.

In der Lutherbibel ist die Geschichte aus dem Markusevangelium überschrieben: „Gefahr des Reichtums". Ja, Reichtum ist gefährlich; vor allem, weil er unfrei macht und damit in Schuld und Tod führt.
Okay, du hast alle Gebote gehalten, aber *eines fehlt dir*. Was würde Jesus in meinem Fall ansprechen, wenn ich ihn fragte: „Meister, was muss ich tun, wie kann ich leben, dass ich Anteil gewinne an einem unvergänglichen Leben?" Wahrscheinlich, so stelle ich mir vor, würde er in meinem Fall gar nicht auf den Reichtum zu sprechen kommen. Erstens bin ich nicht sonderlich reich und zweitens hänge ich nicht besonders dran.

Vielleicht würde er meine zwanghafte Seite ansprechen – ich habe eingangs davon gesprochen -, meine Neigung zum einfachen Muster und mein Hang zur Einteilung in richtig und falsch, gut und böse. „Trenn dich davon", würde er vielleicht sagen, „denn es macht dich unfrei! Und außerdem stört es den Kontakt zu anderen Menschen. Dann bist du nicht nur unfrei und bist allein. Und weil du das als Bedrohung erlebst, musst du es von dir fernhalten und hältst es schließlich für normal. Zeigst mit dem Finger auf andere und merkst nicht, wie dabei drei Finger auf dich selbst zurückzeigen. Der Geisterfahrer auf der Autobahn bist du, der die Nachricht vom Geisterfahrer im Radio hört und sich wundert: wieso einer? Hunderte kommen mir da entgegen! So kommst du dem unvergänglichen Leben nicht näher!
Ich erlaube mir abschließend, unseren Text in dem gerade behandelten Aspekt in einen größeren biblischen Zusammenhang zu stellen. Die mit der Auswahl gelegte Spur wird Sie vermutlich nicht wundern.

Sie alle kennen selbstverständlich die Arche Noah. Aufgrund menschlicher Verfehlungen wird eine große Flut angekündigt. Alles, was auf Erden ist, soll untergehen (1.Buch Mose, Kapitel 6, Vers 17). Aber mit Noah und seiner Familie will Gott einen Bund aufrichten (1.Buch Mose, Kapitel 6, Vers 18). Ich lese aus dem 7.Kapitel der Genesis die Verse 1 bis 16:
1.Buch Mose, Kapitel 7, Verse 1 – 16

Wie oft habe ich seit den Tagen des Religionsunterrichts diese Zeilen gelesen. Immer ist mir entgangen, worauf ich neulich aufmerksam wurde. Gott weist Noah an, alle Gegensätze in seine Arche zu holen: die wilden Tiere und die Haustiere, Tiere des Erdbodens und Vögel des Himmels, reine und unreine Tiere, männliche und weibliche jeder Gattung. Und zuletzt schließt Gott hinter ihnen die Arche zu. Das heißt, er packt alle natürlichen Gegensätze zusammen und sperrt sie miteinander ein.
Was bedeutet das für mich? Ich bin ein Anhänger klarer Verhältnisse und mache damit nicht selten mein Leben etwas zu eng. Auf einmal wird diese biblische Erzählung für mich eine befreiende Geschichte. Ich muss nicht immer das Gleichgewicht der Gegensätze herstellen. Und ich muss auch schon gar nicht immer das Entweder - Oder herbeiführen. Ich kann damit leben lernen, dass Gegensätze manchmal beieinanderbleiben. Ich kann es lernen auszuhalten, dass manches ungelöst bleibt. Ich muss die Vielfalt nicht zwangsläufig als Bedrohung erleben; ich kann auch eine Bereicherung darin entdecken.

Ich mache einen Sprung und komme zu einem Text, der mir wirklich große Mühe gemacht hat. Er steht im Matthäusevangelium und dort im 13. Kapitel; ein Gleichnis Jesu, das uns einen Eindruck vom Himmelreich gibt. Ich lese die Verse 24 bis 30:
Matthäusevangelium, Kapitel 13, Verse 24 – 30

Nun, die Verse sprechen für sich – *„Lasst beides miteinander wachsen bis zur Ernte."* Gewiss gehöre ich gerne mal zu denen, die sofort ihren Dienst anbieten: *Soll ich denn hingehen und das Unkraut ausreißen?* Und schon bin ich auf dem Weg, aber Gott ruft: *Nein! So wie ich dich und deinen Eifer kenne, raufst du am Ende mehr aus als nötig* *und schadest dem Weizen.* Hier wird der Drang, nicht *beides* wachsen zu lassen, zur Anmaßung. Das führt leicht in gnadenlose Säuberungsaktionen und mit Blick auf die Geschichte ist hier Vorsicht geboten. Leicht kann hier blinde Ideologie an die Stelle des Glaubens treten.

Ach ja: *„Liebet eure Feinde und bittet für die, die euch verfolgen, damit ihr Kinder seid eures Vaters im Himmel. Denn er lässt seine Sonne aufgehen über Böse und Gute und lässt regnen über Gerechte und Ungerechte."* (Matthäusevangelium, Kapitel 5, Vers 45) Wenn es nach mir ginge, dann hätte sich die Sonne schnell über einem Bösen verfinstert. Aber ob ich immer den ‚Bösen' so richtig nach Gottes Blickweise identifiziert hätte? Wer hätte diesbezüglich die Weisheit mit Löffeln gefressen? Vielleicht sollen wir viel geduldiger und einfühlsamer mit den Realitäten des Lebens umgehen, denn manchmal weisen sie uns auf einen Konflikt in uns selbst hin. Auffällig oft nimmt Jesus in den Evangelien die Sünder in Schutz, wendet sich zu, damit sie einen Raum der Veränderung und Befreiung für sich finden. Manchmal kommt es mir vor, als habe er weniger Probleme mit den Sündern als mit denen, die meinen, sie hätten keine Sünde. Das ist das mit dem „Splitter im Auge des anderen und dem Balken im eigenen Auge" (Matthäusevangelium, Kapitel 7, Vers 4). Jesus hat oft das religiöse System provoziert und das religiöse Establishment herausgefordert. Denken wir nur an seine Heilungen am Sabbat. Manchmal kann es einem ja so vorkommen, als habe er sich regelmäßig von Sonntag bis Freitagmittag frei genommen, um dann die gesamte Arbeit am Sabbat zu tun. Gut und Böse lässt sich nicht einfach so festlegen und das Gesetz ist für den Menschen da und nicht umgekehrt.

Ich setze den Weg auf dem roten Faden fort und komme zu einem Text aus der Apostelgeschichte, der mich im Zusammenhang mit unserem Thema immer wieder nachdenklich gemacht hat. Simon Petrus wird mit dem vermeintlich Unreinen konfrontiert und reist auf Anforderung zum Hauptmann Kornelius und lernt etwas Entscheidendes für sein Leben und seinen Glauben.

Apostelgeschichte, Kapitel 10, Verse 1-29

Die heilige Geistkraft Gottes nimmt hier wesentlich Einfluss auf das Geschehen. Sie deutet das Geschehen, gibt Orientierung und ermutigt Petrus zu einem für ihn ungewöhnlichen Schritt. Ungewöhnlich deshalb, weil es hier gerade um *das* geht, was Petrus von Paulus getrennt hat. Paulus hat die Zuwendung zu den Heiden praktiziert und ist damit in Konflikt mit Petrus geraten. Sie merken: wieder geht es um die Frage von richtig und falsch, um die Frage der Gegensätze und Spannungen. Für wen ist das Heil von Gott her bestimmt? Welche Voraussetzungen muss jemand erbringen, um dazu zu gehören? Wie stehen Gesetz und Evangelium zueinander? In der Stadt Jaffa ereignet sich für Petrus etwas, das seinen Blick verändert, das ihn selbst verändert. Und er geht dann auch den gebotenen Weg. Er reflektiert nicht Tage und Wochen darüber, wie es wohl wäre, wenn… Er macht es einfach. Das ist eine klare Sache, die zu beherzigen immer wieder wichtig werden kann im Leben: man denkt sich nicht in ein neues Leben hinein, sondern man lebt sich in ein neues Denken hinein. Nach Trance-Zustand und Stimme vom Himmel gibt die heilige Geistkraft den letzten Anstoß. Sie muss dem Menschen den tieferen Sinn der Stimme (des Wortes) erschließen, sonst liest er aus ihr nur das heraus, wovon er ohnehin bereits überzeugt ist.

Es ist die Geistkraft, die schon ganz am Beginn der biblischen Geschichte beteiligt war. Sie schwebt auf dem Wasser, ehe ein Wort gesprochen und eine Tat getan ist.

Hier soll sich der Kreis für's erste schließen. Denn da finde ich auch so eine Geschichte, die eine völlige Herausforderung darstellt. Ein lebendiges Wesen, in den Garten gesetzt, dass es *ihn bebaue und bewahre. „Und Gott, der Herr, gebot dem Menschen und sprach: Du darfst essen von allen Bäumen im Garten, aber von dem Baum der Erkenntnis des Guten und Bösen sollst du nicht essen."* Die Erkenntnis von Gut und Böse soll Sünde sein! Ist sie nicht eher erstrebenswerte Tugend? Wie haben wir uns damals im Oberstufenunterricht und dann im Studium auseinandergesetzt. War doch im Sinne der Aufklärung der Sündenfall vielmehr der Glücksfall menschlicher Entwicklung. Und so habe ich ausreichend geerntet vom Baum der Erkenntnis von Gut und Böse und habe dabei unter der Hand das Aussortieren geübt, wer gut und wer böse ist. Mit der Zeit ist in mir der Drang zum strengen Urteil gewachsen – *be*urteilen und *ver*urteilen liegt nicht weit auseinander. Ein Gefühl von Macht kann sich einstellen: ich habe ja nicht nur die Fragen, ich habe vor allem die Antworten. Und ich habe auch Recht. Und da bin ich mir ganz sicher. Und plötzlich entferne ich mich von anderen – sei es, dass sie mit meinem Tempo nicht mithalten können oder wollen; sei es, dass sie sich überfordert fühlen von meinem angelesenen (und wenig erlebten und durchlebtem) Wissen oder sei es ganz einfach, weil ich ihnen auf die Nerven gehe mit meinem lieblosen Urteilen.
Möglicherweise steckt dieser Teufelskreis dahinter, dass Gott gebietet *diesen* Baum zu meiden. Er stört die Gemeinschaft unter den Menschen.
Und ganz zuletzt: Am Ende –oder soll ich sagen: am neuen Anfang, in der Offenbarung also, heißt es: *„Und er zeigte mir einen Strom lebendigen Wassers, klar wie Kristall, der ausgeht von dem Thron Gottes und des Lammes, mitten auf dem Platz und auf beiden Seiten des Stromes Bäume des Lebens, die tragen 12mal Früchte, jeden Monat bringen sie ihre Frucht, und die Blätter der Bäume dienen zur Heilung der Völker. Und es wird nichts Verfluchtes mehr sein."* (Offenbarung, Kapitel 22, Verse 1-3)
Im Garten beginnt die menschliche Geschichte und in den Garten sollen wir wieder zurückgebracht werden. In diesem neuen Jerusalem gibt es keinen Baum der Erkenntnis von Gut und Böse mehr; es gibt nur noch den Fluss des Lebens und die Bäume des Lebens, deren Blätter zur Heilung der Völker dienen. Das ist das Ziel der Geschichte Gottes mit uns.

Kultur und interkulturelle Begegnung

(Vortrag im berufsethischen Unterricht im März 2016)

Einen Beitrag zum Verständnis interkultureller Begegnungen haben Sie angefragt. Um in das Thema hineinzufinden, möchte ich Sie zunächst um eine Beschäftigung mit folgenden Fragen bitten. Nehmen Sie sich jeder und jede für sich einen Augenblick Zeit:

-Sind Sie an dem Ort, an dem Sie heute leben, geboren und aufgewachsen?
-Haben Sie Familie? Oder leben Sie allein?
-Welchen Beruf üben Sie aus? Sind Sie zufrieden mit Ihrer Berufswahl.. oder gab es gar keine Wahl?
-Was ist Ihnen im Leben besonders wichtig? Gibt es so etwas wie ein Lebensmotto?
-Welches war die größte Krise, die Sie erlebt haben? Und hat sich dadurch Ihre Sicht auf das Leben verändert?

Es wäre spannend, miteinander über diese Fragen ins Gespräch zu kommen, denn sie sind Prägeaspekte unserer Kultur.
Was meinen wir, wenn wir von „Kultur" sprechen? Da fallen uns vielleicht die erlernten und übermittelten Werte, Normen und Lebensweisen einer bestimmten Gruppe ein, die das Denken und Handeln in ganz bestimmten Mustern leitet. Wir könnten „Kultur" also als ein System von Selbstverständlichkeiten verstehen, das die Regelhaftigkeit der alltäglichen Kommunikation, des Austauschs und des Verhaltens für die Angehörigen einer kulturellen Gruppe als normal und verständlich erscheinen lässt. Es geht um ein Orientierungsmuster für Zugehörige, das gleichzeitig als Eingangsschlüssel für Nicht-Zugehörige vermittelt, was „normal" ist. Dieses Muster bewertet Handlungen und Anschauungen und bietet Sicherheit im Umgang miteinander. Nun gibt es in jeder Gesellschaft eine Vielzahl von Kulturen. In die Kultur meiner Familie werde ich hineingeboren. Im Lauf meiner Entwicklung verhalte ich mich in bestimmter Weise dazu. Ob ich die herrschende Kultur in meinem Fußballverein teilen will, kann ich mir aussuchen. Wichtig ist bei all dem wahrzunehmen, dass wir das, was uns begegnet, immer durch die eigene Brille sehen. Was ich vom Anderen verstehe, ist verbunden mit dem, was ich bin, woran ich mich orientiere, welche Kriterien ich habe und welche Werte ich verfolge. Wie viele Menschen fordert zum Beispiel meine Tante im Gespräch über die Fremden, die zu uns kommen, sie müssten sich anpassen, wenn sie hier leben wollen. Und ich frage meine Tante, wem sie sich anpassen sollen – ihr oder mir?
Ein anderes Beispiel führt eine bildhafte Darstellung vor Augen. Zu sehen sind zwei Frauen. Eine Frau aus Europa, bekleidet mit Pullover und Minirock. Und eine Frau aus Kenia mit knöchellangem Rock und freiem Oberkörper. Der Blick der Europäerin geht auf die Brüste ihres Gegenübers; die Kenianerin schaut auf die nackten Schenkel und Knie… und beide denken: wie schamlos!
Eine weitere beeindruckende Erfahrung konnte ich bei einem Seminar machen:
Eine Frau und ein Mann aus einem afrikanischen Stamm betraten den Raum. Der Mann ging vorweg, die Frau folgte ihm in Abstand. Dann setzte der Mann sich auf einen

Stuhl, zu seinen Füßen standen ein Korb mit Brot und ein Becher mit Wasser. Die Frau nahm auf der Erde Platz. Dann reichte sie ihm nacheinander Brot und Wasser. Die Seminarteilnehmenden wurden nach ihren Eindrücken befragt und äußerten großes Missfallen über diese zur Schau getragene Unterordnung der Frau. Sie brachten Unmut zum Ausdruck über diesen Pascha, der sich bedienen lässt. Sie können sich das vorstellen, denke ich. Dann haben die beiden –Afrikanerin und Afrikaner- erklärt, was zuvor zu sehen war: In ihrer Kultur geht der Mann einige Schritte voraus, zum Schutz der Frau, die als besonders kostbar angesehen wird. Als heilig wird die Erde, der Erdboden verstanden, weil in ihm die Nahrung wächst. Diesem Heiligen darf die Frau nahe sein; der Mann muss mit etwas Abstand auf dem Stuhl sitzen. Und er darf auch nicht direkt nach dem, was aus der Erde wächst, greifen – die Frau hat die besondere Rolle als Mittlerin zwischen dem heiligen Bereich und dem Mann. Und wir haben gesehen, wie gut es ist, wenn ein bisschen Hintergrundwissen *vor* dem Urteil steht – ich komme darauf zurück.
Derzeit führen wir im Zentrum Seelsorge und Beratung unserer Landeskirche einen Kurs durch mit Teilnehmenden aus verschiedenen Kulturen. Zwei muslimische Frauen nehmen daran teil, eine Türkin und eine Marokkanerin. Beide tragen Kopftuch. Aber es sind nicht die einzigen, die die kulturelle Verschiedenheit in den Kurs eintragen. Da ist auch eine Frau aus Bayern und ein Pfarrer aus Bremen und auch eine junge Frau, die in einem Pfarrhaus in der ehemaligen DDR aufgewachsen ist. Und wir alle lernen miteinander Seelsorge.

Die ehrliche Betrachtung von Grenzen ist eine Aufgabe mit Schwierigkeiten. Grenzen haben einen schlechten Ruf. Zu sehr und oft mit gutem Grund haben wir gelernt, in der Überwindung von Grenzen ein lohnendes Ziel zu sehen. Wir haben verinnerlicht, die Aufhebung von Grenzen mit Freiheit zu assoziieren. Leider gerät die Erkenntnis dieser Tage in Vergessenheit und wir erleben wieder, wie Mauern und Grenzen errichtet werden, und wir hören, wie vom Schutz der Außengrenzen geredet wird.
Wenn es gerade um den rechten Umgang mit Grenzen, auch kulturellen Grenzen geht, müssen wir der Grenzen ehrlich gewahr werden. Und dieser Umgang mit den Grenzen ist ja wichtig, um sich in ein gutes, freundliches Verhältnis zum Fremden setzen zu können. Menschen sind Grenzwesen, die lernen müssen, sich zu den Grenzen zu verhalten.

Mit Blick auf die Begegnung mit dem Fremden nimmt der Philosoph Bernhard Waldenfels einen solchen Ausgangspunkt. Er stellt fest, dass sich jede Kultur und jede Lebensform in Grenzen bewegt. Menschen bilden Ordnungen und innerhalb der Grenzen dieser Ordnungen bewegen sie sich. Das Fremde findet darin zunächst einmal keinen Platz. Ob ich nun das Fremde als bedrohlich ansehe und in Ablehnung verharre oder ob mich das Fremde neugierig macht und ich mich anregen lasse, ist die entscheidende Alternative für den Umgang mit dem Fremden. Hilfreich für die zweite Variante können die Erinnerung an eigene Erfahrungen von Fremdsein und die Erkenntnis, dass die Fremdheit oft im eigenen Haus beginnt, sein. Wer hätte in seinem Leben nicht irgendwann einmal den Eindruck gehabt, an einem Ort, in einer Gemeinschaft, in der eigenen Haut fremd zu sein.

Aufgrund meiner eigenen, auf Herkunft, Geschlecht, Kultur, Religion und Tradition beruhenden Ordnungen, fordert mich das Fremde heraus und stellt einen Anspruch an mich, den ich nicht einfach beiseiteschieben oder überspringen kann, weil das Fremde meine bestehenden Ordnungen durchbricht. Wo dieser Umstand als unproblematisch angesehen wird, offenbart die Multi-Kulti-Mentalität ihre Mängel. Wo so getan wird, als könnten die Grenzen der jeweiligen Kultur einfach ausgeschaltet werden, besteht die Gefahr der Vereinnahmung des Fremden, was übergriffig wäre, und die Gefahr der Leugnung der Differenz, was im ungünstigen Fall zu einem hierarchischen Gefälle führt, weil jegliche Interaktion am Ende doch nur durch die eigene Brille gesehen wird und die Maßstäbe klammheimlich doch durch die eigene Kultur gesetzt sind. Wer vorschnell das Allgemeine und Verbindende in den Mittelpunkt der Betrachtung stellt, übersieht, dass er eben als Europäer über Nichteuropäer spricht, als Mann über Frauen, als Erwachsener über Kinder. Darauf macht Waldenfels aufmerksam und empfiehlt eher eine *inter*kulturelle Herangehensweise, die ernstnimmt, dass es zwischen Heimischem und Fremdem einen *Zwischenraum* gibt, eine Grenzlandschaft, die verbindet und trennt. Dieses Ernstnehmen der Verschiedenheit ermögliche überhaupt erst die bereichernde Offenheit, sich in seinem Eigenen hinterfragen zu lassen und die wichtigen Fragen an den Fremden zu stellen. Nur, wo ich der Grenzen ehrlich gewahr werde, können in der Begegnung die Fragen ins Spiel kommen, die zum Umgang mit der Grenze helfen.

II.Kompetenz in der interkulturellen Begegnung

Wenn der beschriebene Zwischenraum gefüllt sein soll durch Begegnung, wenn es also zu einer Interaktion kommen soll, ist diese bestimmt von drei Faktoren. Das ist zum einen unsere <u>Erfahrung</u>, zum anderen unsere <u>Selbstreflexion</u>, also die qualifizierte Art und Weise, wie wir mit unseren Erfahrungen umgehen, und drittens das <u>Hintergrundwissen</u>, das wir uns über die jeweilige Kultur angeeignet haben – denken wir an das Beispiel von der Afrikanerin und ihrem Mann.

Der Ausgangspunkt liegt immer beim Kennen lernen des Fremden. Weil im Bereich der interkulturellen Begegnung die eigenen gewohnten Deutungs- und Verhaltensmuster nicht in den fremden kulturellen Kontext passen, sind Missverständnisse zwangsläufig gegeben. In der Begegnung muss also mit dem Missverständnis gerechnet werden, die Unterschiede müssen zum Thema werden, es müssen Fragen gestellt werden. Gegenseitige Annahmen und Meinungen übereinander können überprüft werden. Welche Bedeutung hat etwas für das Gegenüber? Welche Symbole, Gewohnheiten, Bräuche spielen für die jeweilige Prägung eine Rolle? Welche Verhaltensweisen sind im fremden kulturellen Zusammenhang angemessen? Welche Werte und Normen sind für den anderen bestimmend? Wodurch wird die Lebenswelt des Gegenübers bestimmt? Wovon ist seine Vorstellungswelt geprägt?

In der offenen Begegnung entstehen *Erfahrungen*, durch die vermittelt mir die gesellschaftliche Vielfalt, sowohl im vermeintlich Eigenen wie im vermeintlich Fremden, bewusst wird. Es gibt nicht *die* Migrantin, *den* Migranten, *die* oder *den* Türken, *die* Polin oder *den* Serben, *die* Deutsche oder *den* Franzosen, *die* Christin oder *den* Moslem. Wo ich mich konsequent am Gegenüber, am Patienten, am Gast orientiere

–und das gehört zur Haltung in der Palliativ- und Hospizsituation-, muss ich mich von diesen festen Bildern verabschieden.
Zur *Selbstreflexion* gehört, dass ich mir meiner Irritation, die das Fremde –etwa bestimmte Rituale und Essgewohnheiten oder eine unvertraute kollektive Expressivität, die Lautstärke beim Klagen usw.- dass ich mir meiner Irritation überhaupt als solcher bewusst werde und sie nicht vorschnell in eine Kulturschublade einordne und bei meinen Vorurteilen bleibe.
Und das erworbene *Hintergrundwissen* schließlich hilft zu verstehen, wie etwa religiöse Alltagspraktiken Einfluss auf bestimmte Lebensbereiche wie Ernährung, Umgang mit Verstorbenen oder Bestattungsformen nehmen.

Erfahrung, Selbstreflexion und Hintergrundwissen. Vielleicht schauen Sie in den nächsten Tagen noch einmal auf die Fragen vom Beginn dieses Vortrags.

Quellen:

Schneider-Harpprecht Christoph, Interkulturelle Seelsorge, Göttingen 2001
Waldenfels Bernhard, Grundmotive einer Phänomenologie des Fremden, Frankfurt 2006

„Gastfreundschaft“ in Sodom
Zum Umgang mit Flüchtlingen in jüdisch-christlicher Tradition

(2020 -bislang unveröffentlicht)

Auf der griechischen Insel Lesbos leben am Ende des Jahres 2020 etwa 7500 Flüchtlinge im Nachfolgelager von Moria. Im September wurde ein Lager wegen unhaltbarer Zustände in Brand gesetzt –wohl von Flüchtlingen selbst, die auf Aufnahme in anderen europäischen Staaten hofften. Vergeblich; denn es wurde ein neues Lager auf der Insel errichtet, in dem sich 130 Menschen ein Zelt teilen, das bei Regen im Schlamm steht und wo es kein Wasser und selten Strom gibt. Moria ist das Bild für die europäische Migrationspolitik.
Ein ähnliches Bild zeigt sich im Lager Lipa in Bosnien-Herzegowina. Auch dort gab es Ende Dezember 2020 einen Brand. Nun baut die bosnische Armee neue Zelte auf, weil die Verlegung der Menschen in feste Unterkünfte am Unwillen der Politik und am Protest von Anwohnern scheiterte. Viele Flüchtlinge sind dieser Tage in den Hungerstreik getreten.
Um der Küstenwache und den Folterlagern Libyens zu entgehen, begeben sich neuerdings viele Menschen von der westafrikanischen Küste aus auf den Seeweg in Richtung Kanaren, wo die spanische Regierung inzwischen provisorische Behelfsunterkünfte errichtet.

Im Kontext der Fragen zum Umgang mit Flüchtlingen wird gebetmühlenartig die christlich-jüdische Tradition mit entsprechendem Wertekanon beschworen. Zuwanderung und Integration müssten sich an einer dieser Tradition entspringenden Leitkultur orientieren, heißt es dann. Abgesehen von der Behauptung, Deutschland sei durch die Tradition der beiden Religionen geprägt und leite die Bildung ethischer Vorzüglichkeitsurteile daraus ab, werden einhergehende Werte und Kriterien nicht definiert oder an den Grundlagen der traditionsbildenden Quellen geprüft. Dies müsste aber geschehen, wollte man nicht in Allgemeinplätzen verharren oder gar verantwortungslos und am Ende missbräuchlich mit dem Begriff der ‚jüdisch-christlichen Tradition‘ umgehen.
Ein Blick in die religiösen Quellen legt sich also nahe, wenn zur Frage von Migration und Flucht jüdische und christliche Grundhaltungen als Erkenntnis leitend für Entscheiden und Handeln herangezogen werden.

Dass im ersten und zweiten Testament der biblischen Schrift immer wieder auf den freundlichen Umgang mit Fremden und Fremdem hingewiesen wird, ist bekannt. Wie ein roter Faden zieht sich das Thema ‚Flucht und fliehende Menschen‘ durch die Bibel. Die Offenheit für den Anderen und der Wille zur Begegnung gelten als selbstverständlich, soll sich doch darin die Zuwendung Gottes zum Menschen spiegeln. Wenn die biblischen Erzählungen natürlich auch von Vorbehalten und Ablehnung gegenüber Fremden wissen, so gilt doch grundsätzlich der Hinweis, dass die Begegnung mit dem Fremden eine unerwartete Begegnung mit Gottesboten sein kann und damit eine Bereicherung des eigenen Lebens (1.Buch Mose, Kapitel 18; Hebräerbrief, Kapitel 13). „Gott hat die Fremdlinge lieb…; darum sollt auch ihr die

Fremdlinge lieben.“ Dieser Satz aus dem 5.Buch Mose ist eine deutliche Weisung, die in der Erinnerung an eigenes Fremdsein gründet. Abraham und Sara waren Fremde in Ägypten, die Brüder Josefs wurden zu Flüchtlingen, als eine Hungersnot ausbrach. Und später wird Jesus schon als Säugling zum Flüchtlingskind, wie im 2.Kapitel bei Matthäus nachzulesen ist. Jesus von Nazareth macht die Liebe zum Fremden und die daraus folgende Fürsorge zum zentralen Element des Zusammenlebens, wenn er etwa sagt: „Ich bin ein Fremder gewesen, und ihr habt mich aufgenommen.“ (Matthäusevangelium, Kapitel 25) Am Umgang mit dem Fremden soll sich entscheiden, wes Geistes Kind wir sind.
Im 2.Buch Mose ist geboten (Kapitel 23), Fremde nicht zu unterdrücken. Und es galt die Verpflichtung, Ausländer ebenso zu unterstützen wie die eigenen Landsleute. Die gleichen Gesetze sollen gelten für Einheimische und Fremde, denn vor Gott „sei der Fremdling wie ihr“. (4.Buch Mose, Kapitel 15). Nach jüdischem und christlichem Verständnis ist es ein Auftrag an den Menschen, die Zuwendung Gottes zum Not leidenden Mitmenschen sichtbar und erfahrbar zu machen. Der Religionsphilosoph Abraham Heschel formuliert: „Der Sinn der Erschaffung zum Ebenbild Gottes ist rätselhaft verhüllt. Aber vielleicht dürfen wir vermuten, dass der Mensch dazu geschaffen war, Zeuge für Gott zu sein. Wenn man den Menschen sieht, sollte man die Gegenwart Gottes spüren.“[1]
Angemerkt sei im Kontext der aktuellen Debatte, dass es aus biblischer Sicht keinen qualitativen Unterschied bezüglich der Fluchtgründe gibt. Die Flucht aus sozialem und wirtschaftlichem Elend und die Flucht vor Verfolgung sind aus der Perspektive der christlich-jüdischen Tradition gleichrangig und spielen bei der Aufnahme und Versorgung keine Rolle – beides begründet Notlagen, die Menschen zur Flucht treiben und die nach Gottes Willen zu beheben sind.

Diese traditionsprägenden Positionen dürften hinlänglich bekannt sein. Weniger bekannt ist eine talmudische Deutung der Geschehnisse in Sodom, dieser Stadt, die aufgrund der Gräueltaten ihrer Bewohner in Schutt und Asche gelegt wurde (1.Buch Mose, Kapitel 19). Sodom wird beschrieben als eine wohlhabende Stadt. Kostbare Bodenschätze wurden gefördert, geschickter Handel sorgte für hohe Erträge, günstige Bedingungen brachten Reichtum. Es gab aber auch große Klage über Sodom wegen mancherlei Fehlverhaltens, das biblisch nicht näher ausgeführt, aber in Auslegungen detailreich vorgestellt wird, wobei die Palette von Rechtbeugung über Lüge und Betrug bis zu Gewalttaten an Abhängigen und Schutzsuchenden reicht. Die größte Schuld aber, die den Zorn Gottes hervorruft und schließlich dazu führt, dass die Stadt unter einem Regen von Feuer und Schwefel begraben wird, scheint die mangelnde Gastfreundschaft zu sein. Als „übermütig“ beschreibt der Talmud die Bewohner Sodoms. Durch das maßlose Wohlergehen seien sie übermütig geworden, so die Deutung. Unter eigenem Reichtum und Glücksgefühl seien Weisheit und Einsicht in Wege und Willen Gottes verloren gegangen. Und so wird im Traktat Sota berichtet: „Da sagten sie: Silber und Gold kommt aus unserem Boden. Da haben wir es nicht nötig, dass Menschen zu uns kommen. Sie kommen nur, um unsere Güter zu verringern. Da sprach Gott zu ihnen: Wegen des Glücks, das ich euch zuströmen ließ, wollt ihr die Gastfreundschaft aus eurer Mitte bannen. So will auch ich euch von der

Erde tilgen." So wurde die Stadt, die Hypothesen zufolge am südöstlichen Ufer des Toten Meeres lag, durch Erdbeben, Feuer und Erdrutsch vernichtet.

Dass tatsächlich der Bruch der Gastfreundschaft Ursache des Untergangs war und der Stadtname ‚Sodom' bis in die Evangelien hinein zum Synonym für Fremdenfeindlichkeit wurde, ist nicht aus der Luft gegriffen. Die biblische Geschichte selbst erzählt, dass Gott zwei Engel in Gestalt zweier Männer zu Lot, dem Neffen Abrahams, nach Sodom schickt, um die Lage zu erkunden und die Hintergründe der Kritik an den Bewohnern zu verifizieren. Dem Gebot Gottes entsprechend nimmt Lot die beiden in seinem Haus auf. Aber sehr bald stehen die Einwohner vor seiner Tür und fordern die Herausgabe der Fremden. Und als Lot für seine Gäste Partei ergreift, feinden sie auch ihn wegen seines Fremdenstatus in der Stadt an. Ganz offensichtlich drehte sich also der Konflikt um die Frage des Umgangs mit den Fremdlingen. Dass der Überfluss dazu verleitet, die Weisungen Gottes zu vernachlässigen, ist eine Erfahrung, die sich vielfach in biblischen Texten findet. Dass Gott es mit seiner Liebe zu den Fremdlingen, die durch die wirksame Tat von Menschen erfahrbar werden soll, sehr ernst meint, gehört ebenso in diesen Erfahrungsbereich: dem Flüchtenden die Gastfreundschaft zu verweigern, führt zum Untergang.

Es wäre nun sehr kurz gegriffen, die angestellten Überlegungen in die Schublade der oberflächlichen Apokalyptik mit Androhung des Gottesgerichts einzuordnen. Vielmehr zeigt der Hinweis auf die Quellen den tiefen Ernst der überlieferten Erfahrungen im religiösen Sinn.
Wer sich in Fragen der Flüchtlings- und Einwanderungspolitik auf die jüdisch-christliche Tradition beruft, kann das bestehende Abkommen mit der Türkei nicht gut heißen und kann sich nicht von der Verantwortung frei kaufen durch Finanzhilfen beim Aufbau von Aufnahmelagern in Libyen und Grenzsicherungsmaßnahmen. Oder umgekehrt: wer diese Maßnahmen für geboten hält, das Recht auf Asyl beschneidet und sich der Entwicklung einer geregelten Einwanderungspolitik verschließt, sollte Verzicht üben in der Berufung auf jüdisch-christliche Tradition.
Es ist schon so: dass wir etwas von Gott erfahren und vertrauensvolle Gottesbeziehung entsteht, verdanken wir tatsächlich der Tradition. Die überlieferten Inhalte sind aber keine Prinzipien oder abstrakten Werte, die je nach Interesse und Bedarf aus der Mottenkiste der Leitkultur geholt werden können, sondern sie beschreiben ein Leben, das gelebt werden soll.

1.Heschel Abraham, Die ungesicherte Freiheit, Neukirchen 1985, 135

Schatten der Schuld – Bewältigung von Vergangenheit; auch durch Seelsorge
(Vortrag bei einem Themenabend der Martin-Niemöller-Stiftung im November 2012)

Der seelsorgliche Umgang mit Menschen, die die Wirkung der Schuld einer vorangegangenen Generation spüren; dieses Thema ist mir gestellt.
Dazu folgende Skizze einer Erfahrung:
Da bittet eine Frau um einen Termin für ein Gespräch. Der Termin wird verabredet, die Begegnung findet statt. Gleich zu Beginn sagt diese Frau: „Sie haben doch Schweigepflicht, Herr Pfarrer?“ Sie vergewissert sich der vertraulichen Basis unseres Gesprächs. Ich sage: „Ja, was wir besprechen, unterliegt der Vertraulichkeit; daran halte ich mich. Und Sie haben etwas mitgebracht, das mit Schweigen zu tun hat und das Sie nicht länger verschweigen wollen?“
Dann folgt eine Geschichte, die zwischen ihr und ihrem Mann steht. Da gab es etwas in der Firma, als ihr Mann noch im Beruf war und um das sie nicht genau weiß. Es ging um Handelsbestimmungen, Frachtpapiere und viel Geld. Sie ahnt, dass ihr Mann in etwas Verbotenes verstrickt war, das in der Folge auch für sie mit größerem Wohlstand verbunden war. Innerlich kommt sie immer wieder an diesen Punkt, aber warum ist es so schwer, mit ihrem Mann darüber zu sprechen. Wenn sie ihn fragte, hat er schroff reagiert, war abweisend, verschlossen und unwirsch.
Die Frau ist 76 Jahre alt, Jahrgang 1935. Ich spreche das an und frage sie, ob sie diesen schwierigen Umgang mit schuldhaftem Verhalten im direkten Gespräch von früher kennt. Nach einiger Zeit stellt sie tatsächlich Verknüpfungen her. Sie kennt Signale der Verleugnung und die Reaktionen von Schroffheit und Zurückweisung bei unangenehmen Fragen an die Eltern. Sie erinnert sich, dass Harmonie ein wichtiges Gebot war in der Familie ihrer Kindheit und dass damit Gefühle der Überforderung verbunden waren. Und sie kennt die familiäre Loyalitätsforderung, die mächtiger war als das Nachfragen. Ein Familienwissen, das mit Tabu belegt ist, gehört zur Biografie dieser Frau.
Verknüpfung: Ja. Aber Zusammenhänge zwischen den Zeiten und Geschichten? „Ach, Herr Pfarrer, jetzt fangen Sie mir nicht auch noch an mit den alten Sachen von damals; damit muss doch auch mal Schluss sein!“
Und doch: Im behutsamen Vorgehen kann Seelsorge den Raum öffnen für alte, gefürchtete Gefühle, die von damals kommen und doch noch heutiges Verhalten beeinflussen. Wo Seelsorgende sich berühren lassen von der Erzählung des Gegenübers, kann eine emotionale Ebene betreten werden, die die gelernte Spaltung von Denken und Fühlen überwindet. Wo Seelsorge die jeweils sehr unterschiedlichen Lebensgeschichten und –erfahrungen würdigt, kann sie aus dem Schweigen und Verschweigen heraushelfen. Und wo Seelsorgerinnen und Seelsorger den Mut haben differenziert nachzufragen, können sie das Gegenüber zum Fragen ermutigen, weil ja die Fragen, die nicht gestellt werden, nur tiefer in die Schuldgemeinschaft verstricken.

Da ist ein behutsamer Weg zu beschreiten. Wir haben an diesem Abend bereits Filmsequenzen zum Thema angeschaut und Erläuterung psychologischer Hintergründe gehört: Die Generation der Kinder der Täter und Mitläufer und Profiteure will nicht vom Schrecklichen hören, das angerichtet wurde. Und doch ist es so: Auf die Gnade

der späten Geburt fällt dann doch der Schatten der Schuld –bisweilen unvermittelt, wie die geschilderte Vignette vom Konflikt der Frau mit ihrem Mann zeigt.
Das scheint wie ein Schicksal, dem man nicht entrinnt, wie ein Gesetz des Lebens, so alt wie die Menschheit. Heißt es nicht schon in der Bibel, dass Gott die Missetat der Väter heimsucht bis ins dritte und vierte Glied (2.Buch Mose, Kapitel 20). Und wem fiele zu unserem Thema nicht der bekannte Satz aus dem Prophetenbuch Hesekiel ein: „Die Väter haben saure Trauben gegessen, aber den Kindern sind die Zähne davon stumpf geworden“ (Kapitel 18, Vers 2). Das ist ein Satz, der sich auch genau so beim Propheten Jeremia findet (Kapitel 31, Vers 29). Er wird sogar noch zugespitzt in Jeremias Klageliedern, wenn es heißt: „Unsere Väter haben gesündigt, wir aber müssen ihre Schuld tragen“ (Kapitel 5, Vers 7). Da haben wir also die biblischen Belege für die Phänomene, die uns an diesem Tag beschäftigen. Und gleichzeitig macht uns die zuletzt zitierte Bibelstelle auf wichtige Differenzierung aufmerksam. Jeremia macht einen Unterschied zwischen Sünde und Schuld: Die Väter haben *gesündigt*, wir aber tragen ihre *Schuld*. Begriffe, die oft nebeneinander oder synonym gebraucht werden, sind zu trennen, wie uns manche Forscher*innen des Ersten Testaments nahelegen.
Schauen wir näher in den biblischen Befund hinein, stellen wir fest, dass die zitierten Sätze mitnichten eine religiöse Weisheit darstellen. Vielmehr handelt es sich um so etwas wie Volksweisheiten, die hier aufgegriffen werden, um ihnen ein göttliches Wort entgegenzusetzen.
Jeremia kündigt eine neue Zeit an und sagt: „Zu derselben Zeit wird man nicht mehr sagen: Die Väter haben saure Trauben gegessen, und den Kindern sind die Zähne stumpf geworden, sondern ein jeder wird um seiner Schuld willen sterben, und wer saure Trauben gegessen hat, dem sollen seine Zähne stumpf werden“ (Kapitel 31, Vers 30). Hier wird ein neuer Weg beschritten, weg von der Sippenhaftung hin zur individuellen Haftung für begangene Taten. Jede Person muss für sich selbst einstehen. „So wahr ich lebe, spricht Gott, der Herr; dies Sprichwort soll nicht mehr unter euch umgehen in Israel“ (Hesekiel, Kapitel 18, Vers 3). Der Sohn soll nicht tragen die Schuld des Vaters, und der Vater soll nicht tragen die Schuld des Sohnes, sondern die Gerechtigkeit des Gerechten soll ihm allein zugute kommen, und die Ungerechtigkeit des Ungerechten soll auf ihm alleine liegen“, lesen wir bei Hesekiel (Kapitel 18, Vers 20).

Was bedeutet diese biblische Auseinandersetzung mit der Volksweisheit um Schuld und Schuldfolgen? Sie bedeutet, dass es Schuld nur konkret geben kann und nicht allgemein durch die Generationen laufend. Nachfolgende Generationen stehen nicht in der Verantwortung für begangene Schuld, aber sie tragen Verantwortung für ihren Umgang mit den Folgen begangener Schuld.
Diese Botschaft steht gegen die Erfahrung, dass auf irgendwie bestimmte Art und Weise Kinder und Enkel unter den Fehlern und Verbrechen der Eltern zu leiden haben. Ich will diese Erfahrung ernst nehmen und sehe darin neben der Schuld an den konkreten Opfern eine zweite Schuld: Wo die Eltern vermeiden, eigene Schuld einzugestehen, wo sie verdrängen und verleugnen, da verlagern sie Schuldgefühle in die kommende Generation, wo diese diffusen Schuldgefühle dann lähmen und hilflos

machen und zuletzt auch Schamgefühle auslösen. Wir kennen das vielleicht: wer sich schämt, verstummt.

Was bedeutet es nun aber für die einzeln zu differenzierenden Generationen, wenn die prophetische Botschaft eines Jeremia und eines Hesekiel die Sippenhaftung aufhebt und von Einzelnen einfordert, für die je eigene Schuld einzustehen?
Hier kommt nun noch einmal der Begriff der Verantwortung in den Blick. Die Kinder werden getrennt von der konkreten Schuld der Eltern und sie werden gemahnt zur Verantwortung für das eigene Tun oder die eigene Unterlassung. Die Eltern sind verantwortlich für ihr eigenes Verhalten in den Jahren der nationalsozialistischen Herrschaft. Die Kinder aber sind dafür verantwortlich, wie sie mit dem Verhalten ihrer Vorfahren umgehen; ob sie fragen, benennen, konkretisieren oder das Verschweigen, Nicht-wissen-wollen, Herunterspielen fortsetzen. Dann kommt zur ersten und zweiten Schuld eine dritte hinzu. Genau an diesem Punkt sind die Nachkommen der Täter und Mitläufer in der Verantwortung, weil sonst, wir ahnen es schon, die Aufgabe in die jeweils nächste Generation verlagert wird.

In der seelsorglichen Arbeit stoßen wir auf all diese Phänomene; denn sie sind wirksam. Da kann es um Menschen gehen, die direkt vom Thema betroffen sind. Da kann aber auch das Thema auf Umwegen einbrechen, wie in dem eingangs geschilderten Beispiel.
Einige hilfreiche seelsorgliche Aspekte möchte ich nun noch skizzieren und Sie werden das ein oder andere vom Beginn meiner Ausführungen wiedererkennen.

1.Voraussetzung für eine Seelsorge im Kontext unserer Frage ist die Wahrnehmung und Kenntnis der eigenen familiären Biografie. Wo betrifft mich das Thema selbst in der eigenen Familiengeschichte? Gab es da auch Täter oder Mitläufer und wie wurde und wird damit umgegangen? Bin ich offen für die Frage der Schuld oder spielt die Spirale des Verschweigens auch unter dem eigenen Dach eine Rolle? Was ich in dieser Hinsicht bei mir selbst nicht wahrnehme, fällt mir auch beim Anderen nicht auf.
2.Seelsorge kann in der behutsamen Begegnung einen Raum schaffen, in dem alte Gefühle wie Angst, Ohnmacht und Zweifel, die bedrohlich fortwirken, einen Platz haben dürfen.
3.Seelsorge kann ermutigen, konkrete Schuld zu benennen und zwar in der Differenzierung: Wo besteht Schuld, wo nicht? Wer ist schuldig geworden, wer nicht? Worin besteht Verantwortung jetzt? Dies geschieht im Nachfragen und Konkretisieren, um nicht im Allgemeinen zu bleiben, das die Beliebigkeit fortführt und in diffusen Schuldgefühlen belässt.
4.Seelsorge muss, wo es nötig ist, auch hinterfragen. Das kann ein Hinterfragen der erlernten Loyalitätsforderungen sein, die anhaltend hilflos machen. Das kann manchmal auch ein Hinterfragen bestehender Gottesbilder sein, die wirksam sind bis heute. Vergessen wir nicht, dass in der Nazi-Ideologie Gott auf der Seite der Starken steht, auf Seiten der Machthaber, auf Seiten des Staates. Und bedenken wir, was ein solches Gottesbild im Zusammenhang mit der Frage nach heutiger Verantwortung bedeutet in den aktuellen gesellschaftlichen und politischen Herausforderungen. An

dieser Stelle muss Seelsorge auch kritisch auftreten, will sie nicht der Tendenz zur Verleugnung ihre Unterstützung bieten.
5.Wo bestimmte Denkmuster und Verhaltensweisen im Raum stehen, die zu Schuld führten oder führen, muss Seelsorge nicht urteilen. Sie kann nach dem Sinn und der Funktion der Muster fragen und so möglicherweise eine Entwicklung anstoßen.
Seelsorge wäre dann eine Begleitung auf dem Weg, der ein Lernweg ist, um mit Schatten zu leben und umzugehen.

Schuldig werden ist menschlich; verzeihen auch
(Impulsreferat in pastoralen Schulungsgruppen in den Jahren 2019 u. 2020)

Im Evangelischen Gesangbuch findet sich unter der Nummer 792[1] folgende Einführung zum Thema „Beichte": „Die christliche Kirche hat von ihrem Herrn den Auftrag, den Menschen, die von der Gewissenslast einer Schuld freiwerden wollen, die Vergebung zuzusprechen und ihnen so zu einem neuen Anfang zu helfen. In der Beichte wird erkannte Schuld ausgesprochen und das Verlangen nach Versöhnung mit Gott und den Menschen bekundet….
Zur Einzelbeichte wendet man sich an einen Pfarrer oder eine Pfarrerin, die durch ihre Ordination zur Wahrung des Beichtgeheimnisses verpflichtet sind, oder auch an einen anderen Christen, zu dem man Vertrauen hat… Zur Beichte sollte man nicht ohne Vorbereitung gehen."
Und etwas weiter unter der Nummer 802 findet sich folgender Gebetsvorschlag: „Vater im Himmel, du weißt, was mein Gewissen belastet… Es tut mir leid. Verzeih mir und hilf mir, Schaden nach Kräften wiedergutzumachen und mich zu bessern."

Wann haben Sie zuletzt gebeichtet? Und wenn Sie das so lesen: Welche Gefühle und Gedanken stellen sich ein? Welche Begriffe schrecken womöglich ab? Und was ist mit der „Vorbereitung" zur Beichte gemeint?

In seelsorglichen Gesprächen geht es nicht selten um das Thema ‚Schuld' und es werden entsprechende (oder auch nicht entsprechende) Schuldgefühle geäußert. Der Hinweis auf ‚nicht entsprechende Schuldgefühle deutet eine Unterscheidung an, die für den Umgang mit Schuldfragen wichtig ist, wie später ausgeführt wird.
Wer Schuld auf sich geladen hat, beziehungsweise sich selbst oder anderen etwas schuldig geblieben ist, reagiert in der Regel mit Schuldgefühlen. Da meldet sich das Gewissen; denn Schuldgefühle sind als Verarbeitungsform von Schulderfahrung zu verstehen. Da entstehen nach einem schuldhaften Verhalten die Angst vor Strafe oder Liebesentzug, Selbstvorwürfe oder das Grübeln.
Die klassische Theorie zur Entstehung von Schuldgefühlen sieht als Auslöser des Gefühls eine *Normübertretung* und setzt die klare Unterscheidung von Gut und Böse, richtig und falsch voraus. Wer gegen eine gesellschaftliche oder religiöse Norm verstößt, lädt Schuld auf sich. Ob diese Schuld auch ein Schuldgefühl auslöst, hängt davon ab, ob der betreffende Mensch im Laufe seiner Sozialisation eine entsprechende Gewissensstruktur entwickelt hat.
Aus psychoanalytischer Sicht entwickelt sich das Gewissen im Lauf des Heranwachsens eines Kindes. Das Kind kennt zunächst kein Gut und Böse, sondern nur das Streben nach Lust, Geborgenheit, Wärme, Nahrung. Erst langsam lernt es am Verhalten der Eltern abzulesen, was seine Umgebung als gut oder böse einschätzt. Die Einstellungen und Reaktionen der Bezugspersonen und der sozialen und kulturellen Umwelt sind also entscheidend bei der Ausprägung des Gewissens.
Nun stehen aber Schuldgefühle nicht selbstverständlich in einem angemessenen Verhältnis zur auslösenden Schuld. Für den Umgang mit einem Menschen, den

Schuldgefühle plagen, ist es wichtig, eine bereits angedeutete Unterscheidung zu treffen:
Es gibt angemessene Schuldgefühle (ein realistisches Schuldbewusstsein). Und es gibt Schuldgefühle, die unangemessen sind (unrealistisches Schuldbewusstsein).
Einem realistischen Bewusstsein von Schuld kann nur durch einen Schuld bestätigenden und vergebenden Zuspruch begegnet werden. Einem unrealistischen Bewusstsein von Schuld kann nur durch beratende oder therapeutische Klärung der unbewussten Motive begegnet werden.

Als realistisch kann man Schuldgefühle dann bezeichnen, wenn sie in einer erkennbaren Verbindung zu einem schuldhaften Geschehen stehen. Realistisch ist ein Schuldbewusstsein, das in der Einschätzung der eigenen Verantwortlichkeit und der Verletzung des anderen einigermaßen frei ist von Verharmlosung oder Dramatisierung. Der Betroffene kann das Geschehen und die eigene Verantwortung benennen und reagiert emotional in nachvollziehbarer Form darauf, d.h. er zeigt Trauer und Reue, übernimmt Verantwortung und kann die verschiedenen am Geschehen beteiligten Faktoren abwägen. Ein realistisches Schuldbewusstsein führt auch dazu, dass jemand um Verzeihung bitten möchte, dass es also riskiert wird, sich zu dem Verletzten in der Spannung von Angst und Hoffnung in Beziehung zu setzen.
Das unrealistische Schuldbewusstsein zeigt sich darin, dass die zugrundeliegende Schuld verharmlost oder dramatisiert wird. In beidem steckt etwas Manipulierendes. Im Fall der Dramatisierung tritt der Andere in übergroßer Demut auf, die vom Gegenüber Mitleid fordert. Ein Vergebungszuspruch wird zuletzt nur schwer oder gar nicht angenommen. Im Fall der Verharmlosung tritt der Schuldige gleich mit zahlreichen Erklärungen und Begründungen für das Fehlverhalten auf. Es besteht eine Abwehr gegenüber jeder tieferen Anteilnahme.

In der Begleitung von Menschen mit Schuldgefühlen hilft es wenig, ihr Verhalten zu verharmlosen durch Relativierung, Übergehen oder rationale Erklärung. Als sinnvoller wird angesehen, das Gegenüber zum Erzählen über das konkrete Geschehen zu ermutigen. Das Erzählen und Konkretisieren von Schuld ist ein Mittel, die Verarbeitung anzuleiten. Im Erzählen wird ein Abwägen der Schuldfaktoren möglich. Dabei kann deutlich werden, wofür tatsächlich Verantwortung besteht und wofür nicht. Auch gehört dazu, mögliche Schuldzuweisungen zu überprüfen.

Auf einen weiteren Unterschied von theologischer Relevanz weist Klara Butting hin, auf die Unterscheidung nämlich von Sünde und Schuld, die sich explizit im 5.Kapitel der Klagelieder Jeremias findet, wenn es heißt: „Unsere Väter haben gesündigt und leben nicht mehr, wir aber müssen ihre Schuld tragen“ (Vers7). Der häufig synonyme Gebrauch der Worte „Sünde“ und „Schuld“ wird hier hinterfragt und bezogen auf eine kritische Geschichte in der Biografie des Königs David, die im 2. Buch Samuel, Kapitel 12 geschildert wird. Nach Ehebruch und Mord, Konfrontation durch den Propheten Nathan und Bekenntnis der Sünde steht da: „So hat der Ewige deine Sünde weggenommen; du wirst nicht sterben“ (Vers13). Umso auffälliger, dass im folgenden Vers der Tod des durch Batseba geborenen Sohnes angekündigt wird. „Trotz der

Vergebung seiner Sünde bleibt jedoch Davids Schuld; seine Taten haben Konse-quenzen", bemerkt Butting.
Und wiederum ist es Klara Butting, die die grundsätzliche Frage bezüglich des Beichtgeschehens aufgreift, ob es überhaupt möglich ist, anstelle Gottes Vergebung zuzusprechen –eine Anfrage, die letztlich Gott selbst betrifft: Kann Gott Vergebung zuteil werden lassen, wenn das Recht, Vergebung zu gewähren, allein den Opfern zusteht? Diese Frage spielt im jüdisch-christlichen Dialog eine Rolle, denn bekanntlich heißt es in der Mischna: „Sünden des Menschen gegenüber Gott sühnt der Versöhnungstag; Sünden des Menschen gegenüber seinen Nächsten sühnt der Versöhnungstag nicht." Helmut Gollwitzer hat im Kontext dieser Problematik den Vergebungszuspruch in der Beichte nur im Vertrauen auf und im Bezug zu den Verheißungen Gottes als möglich verstehen können.
Schließlich findet sich bei Butting ein dritter Denkanstoß, wenn sie die christliche Gnadentheologie beleuchtet: „Vorausgesetzt ist die Vorstellung, die Vergebung der Sünde müsse die Schuld aus der Welt schaffen; von Schuld dürfe nach der Vergebung eigentlich nicht mehr geredet werden. Die Erzählung im 2.Samuelbuch widerspricht dieser theologischen Konstruktion. Davids Sünde wird ihm von Gott vergeben. Das heißt, David ist nicht mehr gefangen in dem tödlichen Geflecht aus Unheil und Schuld, das er heraufbeschworen hat. Ihm wird neues Leben eröffnet. Doch trotz dieser Vergebung bleibt Gottes Gericht über Davids Tun bestehen. Seine Taten haben Folgen, denen er nicht ausweichen kann. Der Tod des erstgeborenen Sohnes wird nicht die einzige Folge bleiben, die Davids gewaltvollen Taten, die er in Königsfunktion begangen hat, zeitigen. Nach diesem Verständnis schafft die Vergebung nicht die Tatfolgen aus der Welt; die Konsequenzen folgeträchtigen Verhaltens werden ernst genommen. Allerdings macht die Vergebung der Sünde frei, sich den Tatfolgen verantwortlich zu stellen und neue Wege der Gerechtigkeit, der Wahrheit und des Friedens zu gehen.

„Ich bin überzeugt, jeder Mensch kommt einmal in die Lage zu sagen: Das hier hätte mir nicht passieren dürfen; aber es ist passiert. Dann kommt es darauf an, dass er neu anfangen kann." So die frühere Landesbischöfin Margot Käßmann in einem Zeitungsinterview *(ZEITmagazin, 19.02.2015).*
Menschen handeln, werden schuldig an anderen und an sich selbst und Menschen verzeihen einander. Das ist normal. Es war die Philosophin Hannah Arendt, die darauf hingewiesen hat, dass Verfehlungen alltägliche Vorkommnisse sind, die sich schlicht aus der Natur des Handelns ergeben. Wie aber leben mit den „bösen" Taten, dem zugefügten Leid und dem daraus entstehenden schlechten Gewissen und Schuldgefühl? Wieder war es Hannah Arendt, die behauptet, das einzige „Heilmittel" liege in der menschlichen Fähigkeit zu verzeihen, und damit bewusst an Jesus von Nazareth anknüpft: „Was das Verzeihen innerhalb des Bereiches menschlicher Angelegenheiten vermag, hat wohl Jesus von Nazareth zuerst gesehen und entdeckt." Sein sprichwörtlich gewordener Satz, man solle dem Schuldigen siebzigmal siebenmal vergeben (Matthäusevangelium, Kapitel 18, Vers 22), ist weder Sarkasmus im Blick auf mangelnde Vergebungsbereitschaft noch die Forderung, sich dem Mitmenschen grenzenlos auszuliefern. Es ist die Entlastung von Perfektionsansprüchen im

mitmenschlichen Umgang und die Aufforderung zur Geduld mit dem anderen in der Anerkennung eigener Begrenztheit.

Von der Möglichkeit zur Geduld mit dem anderen spricht auch die amerikanische Professorin für Rhetorik, Judith Butler, in ihren Frankfurter Adorno-Vorlesungen aus dem Jahr 2002. Der Mensch könne niemals vollständig Rechenschaft über sich geben. Es gebe unverfügbare, im Unbewussten gespeicherte Anteile für unser Handeln, die zwar die Verantwortung nicht aufheben, aber in der Beurteilung von Taten relevant bleiben. Außerdem orientiere sich das Gewissen an gesellschaftlichen Normen, die nicht in Stein gemeißelt sind. Mit Michel Foucault fordert Butler dazu auf, immer neu ein lebendiges und kritisches Verhältnis zu bestehenden Normen zu gewinnen.

Was ist mit der „Vorbereitung“ zur Beichte gemeint, wurde am Beginn gefragt. Wie kann sie aussehen. Vielleicht können die vorgestellten Gedanken ein Impuls zur Beichtvorbereitung sein. Dann hätten sie ein Ziel erreicht und einen Horizont gezeigt: Das Bekennen eigener Schuld, das Verzeihen und die Annahme der Vergebung erzeugen den Freiraum für einen neuen Anfang in verantwortlichem Umgang mit den Folgen eigenen Handelns.

Quellen

Arendt Hannah, Vita activa oder vom tätigen Leben, Stuttgart 1960
Butler Judith, Kritik der ethischen Gewalt, Frankfurt 2007
Butting Klara, Der das Licht und die Finsternis schuf, Uelzen 2018, S.106ff
Butting Klara u.a., Die Bibel erzählt… 2.Samuel, Uelzen 2009, S.33ff
Hartmann Gert, Erfrische Geist und Sinn, Frankfurt 1997, S.81ff
Klessmann Michael, Seelsorge, Neukirchen

1)Angaben beziehen sich auf die Ausgabe der Ev.Kirche in Hessen und Nassau, Frankfurt 1994

Sonntagsschutz? Warum das 4.Gebot den Feiertag heiligt
(Vortrag bei einem Tag für Kirchenvorstände im September 2017)

Es gibt einen biblischen Auftrag tätig zu sein, zu gestalten und zu entwickeln. Schon in einem der beiden Schöpfungsberichte ist zu lesen, dass Gott den Menschen in den Garten setzte, *„dass er ihn bebaute und bewahrte"*. Daneben aber gibt es das Gebot zu ruhen. Denn es heißt: *„Denk' an den Sabbat: halte ihn heilig! Sechs Tage darfst du schaffen und jede Arbeit tun; der siebte Tag ist ein Ruhetag, dem Herrn, deinem Gott geweiht. An ihm darfst du keine Arbeit tun: du, dein Sohn und deine Tochter, dein Sklave und deine Sklavin, dein Vieh und der Fremde, der in deinen Stadtbereichen Wohnrecht hat."* Wir kennen es in der kurzen Form: ‚Du sollst den Feiertag heiligen.'

Selbstverständlich ist dieses Verhältnis von Arbeit und Ruhe keineswegs mehr. Immer wieder unternehmen Handelsverbände Vorstöße, die auf eine Lockerung der Regeln für verkaufsoffene Sonntage zielen. Vielen Menschen kommt die Beseitigung von Beschränkungen entgegen, vertragen sich veränderte Kaufgewohnheiten im Zuge der Individualisierung ohnehin nicht mit einem rückständig anmutenden Sonntagsschutz. Andere aber lehnen die Aufweichung des Sonn- und Feiertagsschutzes ab. Vertreterinnen und Vertreter der Kirchen erinnern an das göttliche Gebot und betonen die Bedeutung gemeinsam verbrachter Freizeit für den Zusammenhalt der Gesellschaft. Wo ohnehin nicht wenige Menschen an Sonntagen arbeiten müssen, wie etwa in Rettungsdiensten oder in der Pflege, sei die Erhaltung von Zeiträumen zur Erholung absolut geboten und der völligen Ökonomisierung des Lebens entgegenzutreten.

Es geht durchaus um einen gesellschaftlichen Konflikt, in dem kirchliche Stellungnahmen eine Rolle spielen. Aus zwei Gründen scheint es dabei angezeigt, über die Hintergründe des Gebots zu informieren. Einerseits kann dies zur Orientierung über die Positionen im Konflikt helfen; andererseits gerät die Kirche damit aus dem ungerechtfertigten Verdacht, es sei ihr nur darum zu tun, irgendwelche Pfründe zu retten und eigene Privilegien zu verteidigen.

Interessant ist zunächst einmal, dass die Gebote –also die Weisungen Gottes- in zwei Versionen formuliert sind; einmal im 2.Buch Mose und dann noch einmal im 5.Buch Mose. Und der Hauptunterschied dieser beiden Formulierungen liegt nun gerade in der Weisung, die sich auf die Heiligung des Ruhetags bezieht. Nach dem 2.Buch Mose wird dieses Gebot begründet mit der Rücksicht auf Gottes Ruhen nach der Erschaffung der Welt: *„denn in 6 Tagen hat der Herr Himmel, Erde und Meer gemacht und alles, was dazugehört; am 7.Tag ruhte er. Darum hat der Herr den Sabbattag gesegnet und ihn für heilig erklärt."* Anders nun die Begründung im 5.Buch Mose, wo das Gebot gelten soll in Erinnerung an die Befreiung der Hebräer aus der ägyptischen Sklaverei: *„denn du sollst daran denken, dass auch du Knecht in Ägyptenland warst und der Herr, dein Gott, dich von dort herausgeführt hat mit mächtiger Hand und ausgerecktem Arm. Darum hat der Herr, dein Gott, geboten, dass du den Sabbattag halten sollst."*
Im hebräischen Denken nimmt diese Weisung eine zentrale Stellung ein. Und es gilt nicht als übertrieben zu sagen, dass die Juden zwei Jahrtausende der Verfolgung und

Demütigung kaum überlebt hätten, wenn nicht selbst der Ärmste und Elendste unter ihnen an einem Tag der Woche sich in einen würdevollen und stolzen Menschen verwandelt hätte. Die zentrale Idee des Judentums ist die Idee der Freiheit. Und deshalb ist dieses Gebot so wichtig.

Genau auf diesem Hintergrund setzt sich nun auch die Kirche vehement für den Schutz des Sonntags ein. Dass man einen Tag in der Woche von seiner Arbeit ausruhen sollte, kommt uns als sozialhygienische Maßnahme sinnvoll vor. Immerhin hat der Ruhetag den Zweck, uns körperliche und geistige Entspannung zu verschaffen, die wir brauchen, um von der alltäglichen Arbeit nicht verschlungen zu werden. Außerdem ist schon aus Sicht der Familie und der Pflege von freundschaftlichen Beziehungen ein Ruhetag wichtig.
Wenn wir die Ausführung des Gebots betrachten, merken wir, dass der Sinn darüber hinaus noch tiefer reicht. Da wird als ‚Sabbatschänder' der Mann bezeichnet, der am Ruhetag Holz sammelt (4.Buch Mose, Kapitel 15, Vers 32). Feuer anzünden ist untersagt; auch dann, wenn es der Behaglichkeit dient und vergleichsweise geringe körperliche Anstrengung erfordert. Auch nur einen einzigen Grashalm aus der Erde zu ziehen; irgendetwas zu tragen, auch wenn es noch so leicht wäre, darf nicht sein. Vielleicht halten wir das für eine etwas zwanghafte Vorgabe, die unserem modernen Verständnis nun wirklich nicht entspricht.
In der hebräischen Bibel und im Talmud wird aber Arbeit nicht in erster Linie als körperliche Anstrengung aufgefasst. Vielmehr ist ‚Arbeit' jedes Eingreifen des Menschen in die physische Welt. ‚Ruhe' dagegen ist ein Zustand des Friedens zwischen Mensch und Natur. Symbolisch verstanden ist auch das Anzünden eines Streichholzes oder das Ziehen eines Grashalms ein Eingreifen des Menschen in den Naturablauf. Und so ist auch das Tragen eines Gegenstands, sei er noch so leicht, bedenklich. Bei dieser Anweisung gibt es einen kleinen aber feinen Unterschied, der das Denken der Hebräer noch verständlicher macht. An sich ist das Tragen nicht verboten. Ich darf zum Beispiel innerhalb meines eigenen Hauses oder Grundstücks eine Last tragen, aber ich darf nicht einmal ein Taschentuch aus meiner Wohnung in den öffentlichen Bereich der Straße bringen. So wie der Mensch am Tag der Ruhe nicht in den Naturablauf eingreifen soll, so soll er auch das soziale Gleichgewicht nicht verändern – d.h., er soll auch die Übertragung von Besitz, die Beförderung von einem Bereich in den anderen vermeiden – also keine Geschäfte machen.

Am Sabbat –das ist der Grundgedanke- ist der Mensch ganz Mensch und er hat keine andere Aufgabe als Mensch zu sein. In der Überlieferung ist nicht die Arbeit der höchste Wert, sondern die Ruhe, der Zustand, der keinen anderen Zweck hat als menschlich zu sein.

Interessant auch eine weitere Beobachtung: Der Sabbat scheint ein altbabylonischer Feiertag gewesen zu sein, genannt *Shapatu*, der an jedem 7.Tag eines Mondmonats gefeiert wurde. Dieser Tag war in Babylon allerdings ein Tag der Trauer und der Selbstzüchtigung, ein Tag, der dem Planeten SATURN geweiht war. Wir denken an die englische Übersetzung des Samstags „saturday". In Israel wurde dieser Ruhetag zu einem freudigen und würdevollen, ja ‚geheiligten' Tag. Den Wandel der Bedeutung kann man besser verstehen, wenn man sich die Bedeutung des SATURN vor Augen hält. Dieser symbolisiert nach alter astrologischer Überlieferung die ZEIT. Saturn ist der Gott der Zeit und damit der Gott des Todes. Und hier ist die Pointe zu erkennen: Indem das Gebot die Einmischung des Menschen in den Naturablauf unterbricht, schaltet es die Zeit aus. Wenn es keine Veränderung gibt, gibt es auch keine Zeit. Die Zeit ist aufgehoben, Saturn ist entthront, der Tod entmachtet, das Leben regiert den Sabbat.

Soviel zum größeren Kontext des 4. Gebots in der Sicht des 5.Buch Mose.
Eine kurze Beobachtung zur Verortung des Gebots im 2.Buch Mose, also der Zusammenhang des Gebots im Schöpfungswerk, zeigt einen weiteren Aspekt. Auffällig ist hier im Schöpfungsbericht, der ja, wie wir wissen, keine historische Weltentstehungstheorie vermittelt, sondern den Rahmen beschreibt, den Gott für die Gestaltung von Welt und Leben schenkt –auffällig ist also in diesem Bericht, dass er als 7-Tage-Einheit konzipiert ist. Damit gehört der Ruhetag ausdrücklich zum Gestaltungsprinzip der Schöpfung dazu; d.h., nicht nur was getan wird, sondern auch das, *was unterlassen wird*, ist Teil des kreativen Aktes. Die *Begrenzung* gehört zum Schöpfungsgeschehen.

Die Auseinandersetzung um den Sonntagsschutz beinhaltet zuletzt auch die Frage, welche Werte sich innerhalb der Gesellschaft als konsensfähig erweisen und Orientierungskraft entfalten.

Für alles verantwortlich?? Zum Umgang mit eigener Ohnmacht
(Vortrag bei einem Kirchengemeindeabend im Oktober 2017)

I.Einleitung
„Ohnmacht", „sich-ohnmächtig-fühlen" bedeutet das Fehlen von Macht. Was aber ist eigentlich Macht?
Macht bezeichnet die Fähigkeit, auf das Verhalten und Denken von Personen und sozialen Gruppen einzuwirken, andererseits die Fähigkeit, Ziele zu erreichen, ohne sich äußeren Ansprüchen unterwerfen zu müssen.
Es geht also um Einfluss auf Menschen und auf Dinge bzw. Situationen. Wenn Sie sich an den Titel dieses Abends erinnern – in Ihrem Gemeindebrief steht: *Von der Kunst, nicht für alles verantwortlich zu sein*. Hier gibt es einen kleinen, aber bedeutungsvollen Druckfehler; bei „alles" sollte eine Klammer um das „s" gesetzt werden.
Es geht uns also heute Abend um den Umgang mit eigener Ohnmacht, mit eigener Hilflosigkeit. Das sind genau betrachtet zwei verschiedene Begriffe (bei Hilflosigkeit weiß ich nicht, was ich tun soll; bei Ohnmacht kann ich nichts mehr tun); ich verwende sie aber, wie es dem alltäglichen Sprachgebrauch entspricht, für dasselbe Phänomen.

Dazu einige Beispiele, um unsere Phantasie anzuregen:

- Bei einem Krankenbesuch werde ich als Besucher mit einer ganz schweren Lebensgeschichte konfrontiert; der kranke Mensch erzählt mir davon – und ich weiß nicht, was ich sagen soll angesichts solch großer Erfahrung von Leid.
- Ein anderes Mal schildert mir jemand ein Problem und möchte einen Rat von mir, aber alles, was ich sage, weist er zurück und nennt viele Gründe, warum das so nicht geht, wie ich es vorgeschlagen habe.
- Noch ein Beispiel: Ein Mensch kauft fair gehandelte Lebensmittel, verzichtet so oft es geht auf sein Auto, trennt sorgsam seinen Müll, engagiert sich bei amnesty international und spendet regelmäßig für ‚Brot für die Welt'. Und jeden Tag in den Nachrichten erfährt er, dass dies alles nur der berühmte Tropfen auf den heißen Stein ist und vielleicht nicht mal das.
- Und schließlich: Da erkrankt jemand schwer und muss nach langer Therapie eingestehen, dass er ohnmächtig der Krankheit gegenübersteht.

Ich vermute, Sie alle kennen solche und ähnliche Erfahrungen; sonst wären Sie nicht hierhergekommen.

Ich habe für das Thema dieses Abends einen Fragebogen erarbeitet, den ich Ihnen nun austeilen möchte mit der Bitte, die Fragen anzuschauen, sich anregen zu lassen; zu schauen, wo Sie spontan antworten könnten und wo Sie länger nachdenken müssten. Nehmen Sie sich vielleicht für jede Frage eine Minute Zeit. Und wenn Sie vielleicht bei einer Frage länger bleiben wollen, weil Sie sie spannend für sich finden, und zu anderen Fragen nicht kommen, ist das auch völlig in Ordnung.
(die Arbeit mit Fragebögen ist angeregt durch die Lektüre von Max Frisch, Fragebogen, 1998)

Der Fragebogen: „Ohnmacht“

1.Auf was oder wen hätten Sie gern Einfluss?
2.Wie selbstverständlich gehen Sie davon aus, dass Sie sich in einer fremden Stadt auf Anhieb gut zurechtfinden?
3.Erklären Sie sich Misserfolg eher mit veränderbaren Ursachen (schlechte Tagesform, Pech, Schwierigkeit der Aufgabe) oder denken Sie eher an eigene Unfähigkeit oder mangelnde Begabung?
4.Haben Sie manchmal das Gefühl, an allem Schuld zu sein?
5.Wofür übernehmen Sie in Ihrem Leben die Verantwortung?
6.Was beobachten Sie an sich im Fall, dass Sie sich ohnmächtig fühlen: ziehen Sie sich eher zurück und klagen oder werden Sie noch geschäftiger als Sie es ohnehin schon sind?
7.Wenn Sie Macht hätten zu befehlen, was Ihnen richtig erscheint; würden Sie es befehlen, auch gegen den Widerspruch der Mehrheit?
8.Welchen Umgang mit Grenzen haben Sie in Ihrer Entwicklung erfahren?
9.Von welchen Menschen aus Ihrem persönlichen Umfeld fühlen Sie sich besonders ernst genommen, von welchen weniger?
10.Was haben Sie davon, wenn Sie sich hilflos fühlen und das auch mitteilen?
11.Wie alt möchten Sie werden?
12.Glauben Sie an die Möglichkeit, sich selbst zu verändern?

(Nach einer Beschäftigung mit dem Fragebogen kommt es zum Austausch mit dem Platznachbarn. Danach werden im Plenum die folgenden Fragen bedacht:
-Wie ist es Ihnen mit den Fragen ergangen?
-Wo sind Sie hängen geblieben?
-Was ist durch den Austausch mit dem Nachbarn für Sie wichtig oder interessant geworden?)

Bei dem ein oder anderen Impuls auf dem Fragebogen haben Sie sich sicher gefragt, was das nun mit dem Thema unseres Abends zu tun hat. In zwei Schritten möchte ich nun im weiteren das Thema vertiefen; dazwischen und im Anschluss werden wir Gelegenheit haben zu fragen und uns auszutauschen.
Ich spreche zunächst von Entstehungsfaktoren und Folgen der Ohnmacht.
Dann stelle ich kurz dar, wie Menschen mit den Gefühlen von Hilflosigkeit und Ohnmacht gewöhnlich umgehen und beschreibe, nicht zuletzt unter dem religiösen Aspekt, was hilfreich wäre im Blick auf unser Thema.

II.Phänomene der Ohnmacht / Hilflosigkeit

Ein ausgeprägtes Gefühl, ohnmächtig zu sein, tritt auf, wenn ein Mensch häufig die Erfahrung macht, durch den eigenen Willen nichts zu erreichen, dass er nichts bewirken kann. Da dieses Gefühl in aller Regel bereits in der Kindheit ausgeprägt wird, ist das Spieltelefon zum klassischen Bild geworden: Es sieht aus wie ein richtiges Telefon, das Kind kann den Hörer abnehmen, es kann eine Nummer wählen, aber das Telefon verbindet mit niemandem. Das Kind kann niemanden erreichen. Obwohl es

genau dasselbe tut wie der Erwachsene, bleibt seine Handlung ohne jede Wirkung und ohne jeden Einfluss.
Das Gefühl, ohnmächtig zu sein, bezieht sich in erster Linie auf Menschen. Es besteht die Überzeugung, dass man andere in keiner Weise beeinflussen kann. Zu gern möchte ich dem Kollegen helfen, ein besseres Verhältnis zum Chef zu bekommen, aber er nimmt keinen meiner Ratschläge an. Zu gern möchte ich die junge Frau nebenan bei der Erziehung ihres kleinen Kindes unterstützen, aber sie will nichts von der großen Erfahrung, die ich habe, hören. Und das sind noch harmlose Beispiele.

Viele Forschungsarbeiten haben gezeigt, dass Hilflosigkeit und Ohnmacht gelernt wird. In einem Versuch z.B. wurden Hunde einem Hilflosigkeitstraining ausgesetzt. Die Koppelung von einem Signalton, der den Hund in Bewegung Richtung Futter setzt, und einem eingebauten angstauslösenden Hindernis führte dazu, dass bereits nach einigen Versuchen allein der Signalton Angst auslöste und den Hund am Bewegungsimpuls hinderte. Weitere Versuche –übrigens auch im Bereich der Humanexperimente- zeigten, dass diese „gelernte Hilflosigkeit" dummerweise auch auf andere Situationen und Aufgaben übertragen wird. Wer in einem bestimmten Bereich des Öfteren Ohnmachtserfahrungen macht, neigt dazu, diese Erfahrung zu generalisieren.

Die Pädagogik weiß ausreichend von diesen Phänomenen zu berichten. Im Schulsystem können Kinder enorm entmutigt werden; es gibt aber auch Möglichkeiten, die Kinder zu stärken und gegen Entmutigungen zu immunisieren. Leicht ist festzustellen, dass Gefühle von Ohnmacht und Hilflosigkeit durch jeweilige Sichtweisen begünstigt werden. Wer einen Misserfolg eher optimistisch in veränderbaren Ursachen begründet sieht (siehe: Frage 3 auf dem Fragebogen), ist weniger anfällig für Ohnmachtsgefühle; wer aber dazu neigt, den Misserfolg in der eigenen Schwäche zu sehen, wird bald das Gefühl von Hilflosigkeit generalisieren.
Ich denke z. B. an eigene Erfahrungen während meines Schulpraktikums vor etwa 20 Jahren in der Ausbildung. Wir haben den Kindern der 4. Klasse ein differenziertes Arbeits- und Lernangebot gemacht. Alle arbeiteten an denselben Themen, aber eben auf unterschiedlichem Niveau, je nach eigener Möglichkeit. Dabei ist natürlich wichtig, dass die schwächeren Schülerinnen und Schüler nicht durchweg völlig einfache Aufgaben erhalten, die sie dann wiederum unterfordern. Die Kinder sind ja nicht doof und merken, wenn ihnen Aufgaben gegeben werden, bei denen sie nur erfolgreich sein können. So was schmälert das Erfolgsgefühl. Nein, sie brauchen eine gute Mischung von Aufgabenstellungen; ausreichend solche, deren Bewältigung ihr Selbstbewusstsein stärken und eine gute Motivation darstellen, auch solche Aufgaben zu bewältigen, die sie im Augenblick vielleicht noch nicht so einfach lösen können.
Wir erkennen also: Empfindungen von Ohnmacht und Hilflosigkeit sind leider lernbar.

Oft entsteht ein tiefes Gefühl von Ohnmacht in früher Kindheit. Besonders wichtig ist hier die Erfahrung, nicht ernst genommen zu werden von den Erwachsenen (Frage 9 aus unserem Fragebogen ist hier berührt). Das geschieht etwa, wenn Versprechen, die dem Kind gemacht werden, dann nicht eingehalten werden. Das geschieht, wenn

bestimmte Fragen nicht ernst genommen oder wenn dem Kind Anordnungen gegeben werden, ohne dass das Kind den Grund dafür erfährt. Ein frühes Gefühl von Ohnmacht wird auch ausgeprägt, wenn bestimmte Vorgänge nicht nachvollziehbar sind: Das Kind verhält sich in bestimmter Weise; einmal wird ihm plötzlich eine Grenze gesetzt, ein anderes Mal erfolgt keine Reaktion. Überhaupt ist die Frage der Grenzerfahrung im Zusammenhang von Macht und Ohnmacht wichtig (siehe: Fragen 7 und 8 aus dem Fragebogen): Hat ein Kind überhaupt keine Grenze erfahren und erlebt dann später eine große Hilflosigkeit bei Grenzen, die das Leben setzt oder die andere Menschen oder die Umstände setzen? Oder ist es in absolut engen Grenzen aufgewachsen, so dass es sich später in großer Verunsicherung schon bei der kleinsten Herausforderung ohnmächtig erlebt?
Nicht zuletzt: Wer früh gelernt hat, dass seine Daseinsberechtigung in Frage steht, muss immer nützlich und hilfreich sein, um sich selbst einigermaßen akzeptabel zu fühlen. Wenn dies nicht funktioniert und damit die eigene Existenz auf dem Spiel steht, bricht das innere Chaos aus.

Natürlich zieht die Erfahrung von Ohnmacht Folgen nach sich.
Grundsätzlich und ganz wichtig ist, dass Hilflosigkeit und Ohnmacht ein tiefes Minderwertigkeitsgefühl zur Folge haben. Da entsteht ein Gefühl, klein und wertlos zu sein, ohne die Möglichkeit, das Leben positiv zu beeinflussen. Da das schwer auszuhalten ist, legt man sich oft eine vermeintliche Größe zu, man phantasiert sich zum Helden und braucht diese Größenphantasie, um das brüchige Selbstwertgefühl zu stabilisieren. Leider führt dann diese oft eingebildete und unrealistische Größe im Erwachsenenalter dazu, dass man die Mitmenschen irgendwann nervt mit ständig gut gemeinten Ratschlägen, mit denen man ihr Leben beeinflussen will und wofür sie dann dankbar sein sollen, und mit der Mitteilung erlebter Heldengeschichten, in denen die betreffende Person natürlich die Hauptrolle gespielt hat. Nebenbei bemerkt: es muss nicht eine Heldengeschichte sein; es kann sich auch um eine Opfergeschichte handeln – dann aber ist der Erzähler in der Rolle des grandiosen Opfers, das viele andere oder eine vertrackte Situation letztlich durch das eigene Opfer gerettet hat.
Eine weitere wichtige Folge der Erfahrung von Ohnmacht kann Entscheidungsschwäche sein nach dem Motto „ist ja egal, wie ich entscheide, ist ja sowieso falsch oder sorgt für Ärger oder was weiß ich…“.
Auch die Entstehung von großer Wut gehört zu den Folgen. Ich will etwas bewirken, aber etwas oder ein anderer stellt sich dem in den Weg. Gekoppelt mit Minderwertigkeitsgefühl und Größenphantasie ist es aber nun so, dass diese Wut in sich selbst abgelehnt und verdrängt wird. Dann wird die Person lammfromm und ausgesprochen angepasst, aber weil sie kein klares Gegenüber mehr ist, wächst beim anderen die Aggression. Menschen, die dazu neigen, sich leicht machtlos zu fühlen, verschlucken ihren Ärger; manchmal entwickeln sie stattdessen Selbstmitleid. Man kommt dann mit der bösen Welt nicht mehr zurecht, kann sich mit ihr nicht auseinandersetzen. Die verdrängte Wut zeigt sich dann darin, dass jemand sich klein macht, Müdigkeit an den Tag legt, an das Mitleid anderer appelliert. Oft springen dann die anderen ja auch ein – „was haben Sie davon, wenn Sie sich hilflos fühlen und das auch mitteilen?“, steht als Frage 10 auf dem Bogen.

Man kann sagen, die Folgen häufigen Ohnmachtsgefühls sind Motivationsverlust, Frustration und zuletzt auch Depression.

III.Was Menschen tun...

Menschen haben gegenüber den beschriebenen Ohnmachtsphänomenen in der Regel bestimmte Strategien. Eine erste ist die so genannte *Rationalisierung*. Man versucht das, was geschieht, durch ein möglichst logisches Gedankengebäude zu erklären. Aufgrund von Charaktereigenschaften, Erziehung, äußeren Bedingungen und Umständen ist man eben so wie man ist. Da hilft auch nichts...; da kann man nichts machen. Sie erinnern die letzte Frage auf dem Fragebogen, die Frage 12.
Eine andere Möglichkeit liegt in einer Art konstruierter *Bestätigung*. Menschen türmen dann eine Schwierigkeit auf die andere, bis sie schließlich ganz zu Recht das Gefühl haben, dass die Situation aussichtlos ist. Dann ist es in der Beratung oft schwer und langwierig, das ganze Knäuel von Problemen wieder zu entwirren und einen Erfolg versprechenden Ansatz zur Bearbeitung zu finden.
Mit am häufigsten findet sich ein immer höheres Maß an *Geschäftigkeit*; von blindem Aktionismus ist die Rede - wir erinnern die 6. Frage auf dem Fragebogen. Da finden sich Menschen, die ein tiefes Ohnmachtsgefühl verdrängt haben, besonders aktiv und zwar bis zu einem Grade, dass sie vor sich selbst und vor anderen gerade wie das Gegenteil eines ohnmächtigen Menschen erscheinen. Fortwährend kümmern sie sich um andere (ob diese das wollen oder nicht...); dazu engagieren sie sich in verschiedenen Vereinsvorständen, kündigen gegen Ende der Wahlperiode an, beim nächsten Mal nicht mehr zur Verfügung zu stehen, um dann doch für weitere zwei Jahre der Vorsitzende oder vielleicht auch der stellvertretende Kassenwart zu sein. Und in allem geht verloren, welche Aufgabe im Leben eigentlich zu lösen wäre.
Schließlich kann sich als Reaktionsbildung gegen das Ohnmachtsgefühl ein absolutes *Streben nach Kontrolle und Führung* zeigen. Oft ist dies auf die Phantasie beschränkt; wir haben weiter oben schon von den Größenphantasien im Zusammenhang mit Ohnmachtsgefühlen gehört. Da ergehen sich Menschen in der Vorstellung, dass sie die Abteilung viel besser leiten könnten als der tatsächliche Leiter. Gefühle von Überlegenheit gegenüber jedermann breiten sich im Inneren aus. Es kann auch sehr alltäglich und konkret werden. Da beansprucht jemand permanent den besten Platz im Saal, ringt um die Deutungshoheit in jeder Diskussion und spielt in jeder Unterhaltung die dominierende Rolle. Er fühlt sich am Arbeitsplatz ohnmächtig und befehligt zu Hause permanent Frau und Kinder. Oder umgekehrt – jemand steht zu Hause unter dem Pantoffel und regiert außer Haus den Sportverein.
Möglicherweise kennen Sie etwas Ähnliches von anderen Menschen (oder von sich selbst). Wenn ja –und dann hätten wir etwas gemeinsam-, dann heißt das noch nicht, dass Sie in der Tiefe Ihrer Seele ein sich ohnmächtig fühlendes Geschöpf wären.

Was aber wäre nun hilfreich im Umgang mit Gefühlen der Ohnmacht. Denken wir noch einmal an die Beispiele vom Anfang. Da ist ja ein breites Spektrum aufgezeigt. Die 1.Frage auf dem Fragebogen „auf was oder wen hätten Sie gern Einfluss?“ führt uns ja dem Spektrum näher: Wo ich mich ohnmächtig fühle, ist zu fragen, woran ich gerade scheitere. Ist mein Anspruch vielleicht völlig überzogen? Ich werde die Welt nicht heilen, nicht mit dem Kauf fair gehandelter Produkte und nicht mit der Mülltrennung, so sinnvoll und unverzichtbar diese Taten zweifelsfrei sind. Ist mein Anspruch vielleicht unangemessen? Es muss mich letztlich nicht wirklich beschäftigen, ob meine Schwiegertochter peinlich genau darauf achtet, dass meine Enkelin immer freundlich den Bürgermeister grüßt und ihren Hausputz genauso sorgfältig erledigt wie ich. Oder begegne ich vielleicht einer Bedrohung, der ich nicht ausweichen kann; einer Situation, wo ich nicht weiter weiß und mich deshalb ohnmächtig fühle? Wo ich mit Leid konfrontiert werde und nichts zu sagen weiß; wo mich ein Lehrer ungerecht behandelt und ich nichts tun kann; wo ich dem Tod begegne und der ist stärker als ich es bin.

Es geht um die Kunst, nicht für alle und nicht für alles verantwortlich zu sein; die 5. Frage auf dem Bogen lässt es anklingen. Es gibt in meinem Leben Dinge, die kann ich beeinflussen und für die bin ich auch verantwortlich. Es gibt andere, auf die ich keinen Einfluss habe, die ich auch nicht verantworten muss. Es ist wichtig für unsere Seele, dass wir dies genau auseinanderhalten und Sie ahnen, dass in diesem Zusammenhang die Frage nach dem Umgang mit Grenzen eine Rolle spielt. Ich kann dies nämlich nur dann gut trennen, wenn ich mich selbst in meiner Begrenztheit annehmen kann. Die letzte Grenze meiner Existenz ist der Tod und es gibt Fachleute die behaupten, das Gefühl von Hilflosigkeit und Ohnmacht rühre letztlich vom Bewusstsein der Sterblichkeit her. Deshalb steht auf dem Fragebogen zur Ohnmacht auch die etwas merkwürdig anmutende 11. Frage „wie alt möchten Sie werden?“. Sie rückt die Lebensgrenze in den Blick.
Spätestens hier wird die Frage nach dem Umgang mit Gefühlen von Hilflosigkeit und Ohnmacht nicht nur eine existenzielle Frage, sondern eine religiöse Frage. Es geht um die Frage, ob wir in einer Umwelt, die von Vollkommenheit, von Perfektion und Glanz fasziniert ist, die Begrenztheit, die Bruchstückhaftigkeit des Lebens annehmen können. Sicher kein Zufall, dass unser Thema heute Abend in den Beginn der Passionszeit fällt. Der 1991 im Alter von erst 45 Jahren verstorbene Marburger Theologieprofessor Henning Luther hat in einem bemerkenswerten Aufsatz angeregt, das Leben als Fragment zu verstehen und dadurch freier zu werden. Ausgangspunkt seiner Überlegungen, die ich leider im einzelnen nicht vorstellen kann, sind die biblischen Zeugnisse, die eine Umwertung der gängigen Werte vornehmen.
Im 1.Korintherbrief (Kapitel 1, Vers 25) heißt es: *„Denn die Torheit Gottes ist weiser, als die Menschen sind, und die Schwachheit Gottes ist stärker, als die Menschen sind.“*
Im 2.Korintherbrief steht im 4. Kapitel (Vv 7ff): *„Wir haben diesen Schatz in irdenen Gefäßen, damit die überschwängliche Kraft von Gott sei und nicht von uns. Wir sind von allen Seiten bedrängt, aber wir ängstigen uns nicht. Uns ist bange, aber wir verzagen nicht. Wir leiden Verfolgung, aber wir werden nicht verlassen. Wir werden unterdrückt, aber wir kommen nicht um. Wir tragen allezeit das Sterben Jesu an unserem Leib, damit auch das Leben Jesu an unserem Leib offenbar werde.“*
Und im 12.Kapitel die Losung dieses Jahres: *„Lass dir an meiner Gnade genügen; denn meine Kraft ist in den Schwachen mächtig.“*

Das Bruchstück zeigt die erlittenen Verletzungen und Verluste, es macht die schmerzhafte Seite des Lebens sichtbar und erfahrbar. Das Bruchstück trägt aber auch das Wesen der Sehnsucht. Da ist immer der Überschuss an Hoffnung. Das Leben als Fragment zu verstehen und wertzuschätzen heißt, dass wir nicht bei uns selbst stehen bleiben, sondern uns auch immer überschreiten auf das hin, was wir werden können. Am Bruchstück könnte schon lesbar werden, was wir noch nicht sind, aber sein werden. Dazu steht im 1.Johannesbrief (Kapitel 3, Vers 2): *„Wir sind schon Gottes Kinder; es ist aber noch nicht offenbar geworden, was wir sein werden. Wir wissen aber, wenn es offenbar wird, werden wir ihm gleich sein; denn wir werden ihn sehen, wie er ist."*
Und noch einmal im 1.Korintherbrief (Kapitel 13, Verse 9ff): *„Denn unser Wissen ist Stückwerk und unser prophetisches Reden ist Stückwerk. Wenn aber kommen wird das Vollkommene, dann wird das Stückwerk aufhören. Wir sehen jetzt durch einen Spiegel ein dunkles Bild; dann aber von Angesicht zu Angesicht. Jetzt erkenne ich Stückweise; dann aber werde ich erkennen, wie ich erkannt bin."*

Hilferuf und Hilfehandeln

(zuerst veröffentlicht in: Notfallseelsorge – Theol. u. psychol. Aspekte, Merching 2012)

In einer Unterrichtseinheit zum Thema „Diakonie und Seelsorge“ haben Konfirmandinnen und Konfirmanden ein Wandbild gestaltet. In verschiedenen Gruppen haben die jungen Leute einzelne Szenen für ihr Bild erarbeitet und diese anschließend zu einem Gesamtwerk zusammengefügt. Auf einem Bild sind hungrige und durstige Menschen zu sehen, die in einer Suppenküche gespeist werden. Ein anderes Bild zeigt Flüchtlinge aus einem umkämpften Krisengebiet, die aufgenommen werden. Schaut man weiter, fällt der Blick in ein Gefängnis, wo gefoltert wird. Dann in eine Unterkunft, wo Obdachlose ein Dach über dem Kopf und Kleidung erhalten. Der Betrachter wird in einen Raum geführt, in dem jemand die Hand eines Schwerkranken in der eigenen Hand hält. Sterbende und Trauernde sind dargestellt und schließlich eine Unfallszene mit Blaulicht, Einsatzfahrzeugen, Menschen in Uniformen, unter denen sich auch die Farben der Notfallseelsorge finden.
Die Jugendlichen greifen Szene um Szene eine Vielzahl von Notsituationen auf, die eine Seite dieser erlösungsbedürftigen Welt sind. Und sie zeigen, dass nach dem Verständnis der Religionen geholfen werden soll. Hier, im evangelischen Konfirmationsunterricht, greifen sie zurück auf das biblische Gleichnis vom Weltgericht (Matthäusevangelium, Kapitel 25) und zeigen die Aktualität der Worte Jesu. In seiner Nachfolge sind Menschen aufgerufen zu praktischer Hilfeleistung und geistlicher Begleitung, wie es eine Seelsorge, die die Bedürfnisse des *ganzen* Menschen wahrnimmt, beschreibt. Seelsorge ist geistlich, sie ist diakonisch und sie ist kontextuell. Sie sucht Menschen da auf, wo sie stehen; sie setzt mit ihrem Angebot der Begegnung im Horizont der Liebe und der Verheißung Gottes da an, wo Menschen sich gerade befinden.

Hilfehandeln in religiösen Traditionen

Solcher Art Hilfeleistungen kennen alle großen Religionen; eine Ethik und Praxis des Helfens ist nichts spezifisch Christliches. So finden sich die Aussagen aus dem 25.Kapitel beim Evangelisten Matthäus als islamische Resonanz in einem heiligen Hadith wieder: *„Sohn Adams, ich war krank und du hast mich nicht besucht. Er sagte: ‚O Herr, wie kann ich dich besuchen, wo du doch der Herr der Welten bist?‘ Er sprach: ‚Hast du nicht gewusst, dass einer meiner Knechte krank war und du hast ihn nicht besucht? Hast du nicht gewusst, dass wenn du ihn besucht hättest, du mich bei ihm gefunden hättest?‘“* Und ähnlich wie bei Matthäus setzt dieser Hadith, das überlieferte Wort Muhammads, fort mit denen, die hungrig und durstig sind. Und jeweils wird gesagt, dass im Angesicht des Notleidenden Gott selbst zu erkennen sei. In Koran und Sunna findet sich vielfach die Aufforderung, an Leid und Not der Mitmenschen nicht achtlos vorüberzugehen, vielmehr herauszuhelfen aus Schwierigkeiten und Unterdrückung. Nach dem islamischen Fürsorgeprinzip ist es Gottes Wille, dass die Menschen einander bedürfen. So haben sie durch Anteilnahme an Freude und Leid des Anderen Gelegenheit, den Reichtum der Schöpfung zu erkennen. Die Sorge um den Mitmenschen wird im Islam als Sorge um Gott verstanden und der Weg zu Gott führt über die Sorge um den Mitmenschen.

Auch in der rabbinischen Tradition hat helfendes Handeln einen hohen Stellenwert und fällt auf dem Hintergrund der Anthropologie des 1. Testaments in den Bereich der Selbstverständlichkeit. Demnach steht der Mensch in Relation zu Gott und zum Mitmenschen, wobei sich seine Gottesbeziehung im Verhältnis zum Anderen zeigt. Die Sicht des Anderen beruht auf der Beziehung des Menschen zu Gott, wobei die Gewissheit um die Ebenbildlichkeit (1.Buch Mose, Kapitel 1, Vers 27) die Würde des Nächsten begründet. Stets kommt dabei der *ganze* Mensch in den Blick, so dass es nicht nur wichtig ist, sich um die Seele des Notleidenden zu kümmern, sondern um seine Bedürfnisse ganz allgemein, um das also, was er jeweils braucht (Ebel 2005, 97). Im Vordergrund steht die Vorstellung, mit dem anderen Menschen Gemeinschaft zu haben, wo er geradesteht und wo Betroffenheit herrscht. Der Gedanke von der Bewegung hin in die Situation des Gegenübers folgt der Bewegung Gottes hin zu den Menschen. Gott selbst „hat besucht und erlöst sein Volk“, was zwar eine Feststellung aus dem Lobgesang des Zacharias ist (Lukasevangelium, Kapitel 1, Vers 68), die sich aber reichlich auf Geschichten aus dem 1. Testament bezieht, wo von Begegnungen zwischen Gott und Mensch in Situationen von Schmerzen und Not erzählt wird.

Die buddhistische Lehre steht häufig im Verdacht, durch eine Praxis des meditativen Rückzugs weltflüchtig und somit an Hilfehandeln wenig interessiert zu sein. Ein näherer Blick in die Zeugnisse buddhistischer Traditionen rückt diese Behauptung allerdings in den Bereich der Klischees. Ganz im Gegenteil wird der empathische Dienst für den Anderen etwa in der Mahayana-Tradition in den Rang eines spirituellen Pfades und eines Weges zur Erweckung erhoben (Maddox 2005, 207). In allen buddhistischen Traditionen wird der Buddha als Inbegriff der *Compassion* (s.u.) dargestellt und wie Perry Schmidt-Leukel kritisch anmerkt, werde im Zuge einer christlichen Abgrenzungstendenz gern übersehen, dass „der Buddha nach seiner Erleuchtung 45 Jahre lang ein Leben aktiver Weltzuwendung führte“. (Schmidt-Leukel 2005, 445). Die im Buddhismus zentrale Haltung der Achtsamkeit, die eine vollständige Präsenz im Hier und Jetzt meint, würde einer Tendenz zur Weltflucht elementar widersprechen. Und auch die Vorstellung der Einheit, das Wissen um die subtilen Verbindungen zwischen allem, was ist, lässt eine Trennung von spiritueller Praxis und alltäglichem Leben obsolet werden. „Buddhismus fordert uns dazu auf, aufzuwachen zur Einheit des Lebens, zur Erkenntnis, dass alles miteinander verbunden ist“, sagt der amerikanische Zen-Meister Bernard Glassman (Glassman 2011, 97); „…und diese Einheit erfahren wir am eindrücklichsten, indem wir anderen dienen.“ (Glassman 2011, 164) Aus diesem Antrieb heraus engagiert er sich im Rahmen der Friedensbewegung, organisiert Obdachlosen- und Gefangenenprojekte und richtet Kinderbetreuungsstätten und Aids-Hospize ein. Die Liebe zum Anderen ist ein ganz wesentliches Motiv, wenn er sagt: „Wenn ich jemanden treffe, von dem gesagt wird, dass er oder sie erleuchtet sei und dieser Mensch zeigt keine Liebe, dann frage ich mich, wozu die Erleuchtung gut sein sollte.“ (Glassman 2011, 141) So wächst die viel geforderte Haltung der Menschlichkeit in eine der Mit-Menschlichkeit hinein, die in das konkrete Engagement für den Anderen führt und die jeweilige gesellschaftspolitische Situation über dem Einzelschicksal nicht aus dem Blick verliert.

„Wenn wir auf jemanden treffen, der hungrig ist, dann müssen wir ihm zu essen geben. Das spricht uns aber nicht davon frei, uns für ein besseres Sozialsystem zu engagieren, in dem niemand mehr hungern muss." (Glassman 2011, 89) Diese Orientierung wurzelt in der buddhistischen Überzeugung allumfassender Verbundenheit. So geschieht bei den Anhängern dieser Religion die Hilfe für den Anderen auch mit der Begründung, im anderen Menschen sich selbst zu erkennen, das eigene Ich mit denselben Ängsten und Sorgen und möglichen Notlagen. So helfe man immer auch sich selbst, wenn man anderen helfe.

Compassion als Motor helfenden Handelns

Die Wahrnehmung von Leid und Not anderer Menschen spielt in den großen Religionen eine elementare Rolle und wird gegenwärtig zunehmend zur Basis des Zusammenwirkens von Menschen unterschiedlicher Religionszugehörigkeit und zu einem Phänomen, das Glaubensgrenzen im Alltagsgeschehen überwindet. Unzählige soziale Projekte, in denen Menschen verschiedenen Glaubens kooperieren, geben davon Zeugnis. Weltweite Hilfsaktionen bei großen Naturkatastrophen sind prominente Beispiele, in denen nicht nach Konfession oder Religion der Bedürftigen und der Helfenden gefragt wird. Vielmehr steht schlicht die Linderung der Not im Zentrum des Interesses, was auch die Grundlage der Arbeit im Bereich der Notfallseelsorge ist. Keine Notfallseelsorgerin und kein Notfallseelsorger kämen auf die Idee, eine Zuordnung vorzunehmen, wo es um die konkrete Unterstützung von Menschen geht, die in eine leidvolle Notlage geraten sind.

Das Zentrum Seelsorge und Beratung der Evangelischen Kirche in Hessen und Nassau wurde von Vertreterinnen und Vertretern des „Grünen Halbmond" um Unterstützung bei einer Seelsorgeausbildung gebeten. Der Grüne Halbmond ist ein muslimischer Verein in Frankfurt, der sich dem gesamten Spektrum der sozialen Arbeit widmet und einen zunehmenden Bedarf von Menschen muslimischen Glaubens an seelsorglicher Begleitung wahrgenommen hat. So ist das Projekt „Islamische Seelsorgeausbildung" entstanden, an dem fünf Frauen und Männer in einer Altersspanne von 25 bis 55 Jahren teilgenommen haben. Menschen aus den Herkunftsländern Ägypten, Marokko, Afghanistan, Türkei, Bosnien, Serbien und Montenegro haben ein Jahr lang gemeinsam mit evangelischen und katholischen Referenten Seelsorge gelernt; zwei Imame, eine Jurastudentin, ein Integrationsberater, eine Hausfrau, eine Lehramtskandidatin, zwei Mechaniker, eine Bürokauffrau und eine Bankangestellte. In einzelnen Schulungseinheiten und im Praktikum in Kliniken haben wir die Grundlagen pastoralpsychologischer Seelsorgearbeit vermittelt. Und umgekehrt haben wir uns von den muslimischen Teilnehmenden immer wieder daran erinnern lassen, dass es im gelebten Glauben zuerst und zuletzt ganz schlicht um den Menschen geht, dessen Not mich anrührt und die mich im Helfen zum Mit-Betroffenen macht. Das Projekt ist gelungen und wird fortgesetzt in weiteren Kursen der Klinischen Seelsorge und auch im Bereich der Notfallseelsorge.

Im politischen Denken der 60er Jahre des vergangenen Jahrhunderts entstand der Begriff *Compassion*. Vom Sinn her meint *Compassion* Mit-Leidenschaft und ist wieder aufgetaucht am Anfang der 90er Jahre in der Beschäftigung mit der Frage nach der

Verantwortlichkeit des Menschen an der Schwelle zum neuen Jahrtausend. Inspiriert durch Kontakte in basisgemeindliche Kreise vor allem in lateinamerikanischen Ländern, wo *Compassion* eine wichtige Rolle spielt, entstanden insbesondere Projekte an Schulen in kirchlicher Trägerschaft, die sich um Wege erfahrungsbezogenen Lernens mühten. Schülerinnen und Schüler engagierten sich in Heimen und Kliniken, hospitierten in Einrichtungen wie der Bahnhofsmission oder bei Behinderten und Obdachlosen, sammelten Erfahrungen in Kleiderkammern und Suppenküchen. Das Ziel war die Sensibilisierung für alltägliche Not und für angemessene Hilfsformen, die das Gegenüber nicht zum Hilfsobjekt machen, sondern die Perspektive für das gemeinsame Betroffen-Sein öffnen.

Das gemeinsame Betroffen-Sein ist die bestimmende Perspektive in *Compassion*. Der katholische Theologe Hermann Steinkamp hat nachdrücklich darauf aufmerksam gemacht, dass *Compassion* als menschliche Fähigkeit zum Mit-Fühlen und Mit-Leiden zuerst den Akt der Wahrnehmung betrifft, die nie objektiv, sondern immer aus einem bestimmten Blickwinkel heraus geschieht. (Steinkamp 2011, 95) Hier ist es ein Blickwinkel, der nicht *über* den von Not Betroffenen nachdenkt, redet und handelt, sondern vielmehr die akute Situation als gemeinsame Situation versteht, nicht distanziert aus der Sicht des vermeintlich Sicheren, Wissenden, Gesunden etc. *Compassion* öffnet die Sinne für die Verbundenheit in der jeweiligen Situation und „sie bewahrt vor eigentlich unbeteiligtem Mitleid von oben herab." (Steinkamp 2011, 96) Eine Perspektive der Mit-Betroffenheit lässt die Lebenssituation des Gegenübers und auch das angebotene Hilfssystem, wie etwa die Notfallseelsorge, nicht als Thema „der anderen" stehen. Eher rücken die Verstrickungen in gesellschaftliche Gegebenheiten, unter denen das Leben aller stattfindet, in den Blick.

Auf diesem Hintergrund ist die Notfallseelsorge aufgefordert, auch die gesellschaftliche Bedingtheit individuellen Leidens in ihr Denken und Handeln einzubeziehen und überindividuelle Gesichtspunkte in Not- und Krisenfällen nicht außer Acht zu lassen. Mit-Betroffenheit lässt erkennen, dass manche Notlagen ihre Ursachen eben nicht nur im persönlichen Kontext haben, sondern besonders in äußeren Lebensbedingungen, so dass diese auch benannt werden müssen, will eine Seelsorge hilfreich und ehrlich bleiben und nicht zur Verschleierung beitragen. „Eine derart ausgerichtete Seelsorgepraxis bringt die individuelle Begleitung zusammen mit einer kritischen Auseinandersetzung mit herrschenden Wertvorstellungen. Sie deckt Vorurteile auf, konfrontiert mit Klischees und ruft die Bruchstückhaftigkeit aller Existenz ins Gedächtnis. Sie richtet ihre Möglichkeiten nicht nur darauf aus, dass Menschen im gewohnten Lebensrahmen wieder funktionieren können, sondern unterstützt auch beim Aufsuchen von Veränderungspotenzial, das es ermöglicht, krank machende Lebensumstände zu verlassen." (Nagel 2011, 106) Wenn Seelsorge auch oft im Verborgenen arbeitet, ist es doch gerade die Notfallseelsorge, die in vielen Bereichen öffentlich agiert und auch öffentlich besonders wahrgenommen wird. Ihre Einsatzorte sind da, wo Leben bedroht ist. Und indem sie sich dem Einzelnen in seiner Notlage zuwendet, rückt sie gleichzeitig die Not ins Blickfeld, so dass es für jeden, der es wahrnimmt, unmöglich wird, die Bedrohung und Unsicherheit des eigenen Lebens zu leugnen.

Beispielhaft für die Bewegung in *Compassion* erinnert Hermann Steinkamp an die biblische Erzählung vom barmherzigen Samariter (Lukasevangelium, Kapitel 10). Sie sei die „narrative Buchstabierung des Phänomens und des Begriffs", zeige sie doch an der Regung des Mannes aus Samarien, worum es bei *Compassion* im tiefsten Sinn gehe: Der Samariter sieht die Not des Überfallenen zwischen Jericho und Jerusalem und er lässt sich „anrühren". Es ist die „Berührbarkeit, die einen zum Nächsten werden lässt für den, der am Boden liegt." (Steinkamp 2011, 102) Es geht auf einmal nicht mehr um die Frage, wem zu helfen ich verpflichtet bin. Indem ich berührbar bin und angerührt werde, helfe ich und werde dem andere zum Nächsten.
Als besondere Pointe der Geschichte arbeitet Steinkamp heraus, dass es sich beim barmherzigen Samariter um einen aus dem fremden Volk handelt. So ist *Compassion* keineswegs „christliches Sondergut" (Steinkamp 2011, 103), sondern auch von Christinnen und Christen abzuspüren und zu lernen, wenn Muslime oder Buddhisten oder Juden oder Hindus Mit-Leidenschaft zeigen.

„Was ihr getan habt einem von diesen meiner geringsten Brüder und Schwestern…"

Auf dem Hintergrund der helfenden Praxis in den Religionen haben die Konfirmandinnen und Konfirmanden im christlichen Unterricht in der eingangs beschriebenen Unterrichtseinheit den tieferen Kern und Antrieb herausgearbeitet (s.o.). Schaut man genau auf das Wandbild, kann man erkennen, dass eine bestimmte Person in jeder der dargestellten Szenen auftaucht. Sie findet sich unter den Hungrigen wie unter den Flüchtlingen, in der Obdachlosenunterkunft wie im Gefängnis, in der Klinik wie in der Trauergesellschaft auf dem Friedhof und selbst an der Unfallstelle ist sie zu sehen. Aus der Szene heraus blickt sie den Bildbetrachter an. Jesus selbst soll es sein, der in jedem Bildausschnitt erscheint. In allem, was da geschieht, ist er anwesend. Und in allem, was da geschieht, schaut er mich an und ruft zur helfenden Anteilnahme auf. *„Was ihr getan habt einem von diesen meinen geringsten Brüdern und Schwestern, habt ihr mir getan."* (Matthäusevangelium, Kapitel 25, Vers 40) Im Blick des Notleidenden blickt Christus mich an und ruft mich in die Situation hinein. Das ist ein Wechsel der Perspektive, auf den der Theologe Henning Luther (1947-1991) aufmerksam gemacht hat: Wo sich nach gängiger Auffassung der Helfende im Mittelpunkt befindet und sich dem Notleidenden am Rand zuwendet, da wird nun der Bedürftige zum Zentrum des Geschehens. Sein Hilfe suchender Blick oder Ruf wird zum Ausgangspunkt und zur Begründung der Hilfe. Mein Nächster ist der, dem ich zum Nächsten werde, indem ich auf seinen Ruf antworte – das ist die Kernaussage in der Geschichte vom barmherzigen Samariter (s.o.), die ja auch häufig als Grundlage der Arbeit in der Notfallseelsorge genannt wird.
„Im Angesicht des Nächsten kommt also Gott auf mich zu." Der französische Philosoph Emmanuel Lévinas (1906-1995) stellt das Antlitz des Nächsten und die Antwort auf den darin erkennbaren Anspruch ins Zentrum seines Denkens. Nicht in der Selbstgenügsamkeit, sondern in der Übernahme von Verantwortung für den notleidenden anderen Menschen finde die Menschlichkeit Raum in dieser Welt. Gerade mit Bezug auf das Gleichnis vom Weltgericht (s.o.) behauptet Lévinas, das Wort Gottes sei in das Antlitz des anderen eingeschrieben. In der verantwortlichen

Beziehung zum Anderen vernehme man selbst Gottes Wort. Im Nächsten sei die reale Anwesenheit Gottes erkennbar. Nicht so, dass der Nächste Gott ist, sondern in der Weise, dass ich durch ihn Gottes Wort höre. Es ist ein Wort, das verantwortliches Handeln fordert, und gründet in der gnädigen Hilfe Gottes, die Verantwortung zu tragen. Diese Verantwortung, die der Bedürftigkeit des Nächsten den Vorrang gibt, sei der ernste Ausdruck dessen, was man Nächstenliebe nennt.

Die Liebe zu Gott ist nach biblischem Verständnis unauflösbar verknüpft mit der Liebe zum Nächsten und zu sich selbst. In dieser Verknüpfung durch die Liebe rücken Anspruch und Bedürfnis des Notleidenden unausweichlich ins Zentrum des Interesses und gleichzeitig wird das Bedürfnis des Helfenden nicht übersehen.

Die Jugendlichen haben mit ihrer künstlerischen Arbeit den theologischen Kern aller religiös motivierten Hilfe in Begleitung, Annahme, Beistand, Rat, Trost, Ermutigung und Gebet getroffen. Für den christlichen Glauben bedeutet dies: Im Blick des bedürftigen Menschen begegnet mir Christus und in Christus begegnet mir Gott selbst. Im christlichen Sinn wäre die radikale und entschiedene Haltung Gottes in seiner Menschwerdung zu bedenken.

Notfallseelsorge ist *ein* Angebot der Kirchen in der breiten Palette seelsorglicher Handlungsfelder. In organisierter Form ist sie erst knapp zwanzig Jahre alt. Doch das zentrale Anliegen, Menschen in akuter Not zeitnah und verlässlich beizustehen, ist in den religiösen Traditionen begründet. Vielleicht ist die Notfallseelsorge aber *das* Handlungsfeld, in dem sich oben Genanntes in seiner Verbindlichkeit am deutlichsten fokussiert: Der Ruf der Bedürftigkeit erfolgt über einen Funkmeldeempfänger. Und dieser Ruf verlangt nach unmittelbarer Antwort. Im Ruf rückt der Bedürftige in den Mittelpunkt. Und im Ruf steckt der Ruf Gottes.

Quellen

Ebel Marcel, Biblische Geschichten als Leitfaden zum Helfen, in: Weiß Helmut u.a., Ethik und Praxis des Helfens in verschiedenen Religionen, Neukirchen 2005

Kremer Raimar, Lutzi Jutta, Nagel Bernd, Unfall als Krise, Göttingen 2011

Schmidt-Leukel Perry, Gott ohne Grenzen, Gütersloh 2005

Steinkamp Hermann, Compassion lernen in der Wahlheimat, in: Pastoralpsychologie in Bewegung, DGfP-Info 2009

Wecker Konstantin u. Glassman Bernard, Es geht ums Tun und nicht ums Siegen, München 2011

Weiß Helmut, Federschmidt Karl H., Temme Klaus (Hrsg.), Ethik und Praxis des Helfens in verschiedenen Religionen, Neukirchen 2005

II.Das Selbst im postmodernen Pfarramt

Die Freiheitsschrift Luthers und die Zufriedenheit im Pfarrberuf -einige pastoralpsychologische Impulse

(Vortrag bei einer Konferenz von Pfarrer*innen in Siebenbürgen im Mai 2010)

Einleitung

Ein Christenmensch ist ein freier Herr über alle Dinge und niemandem untertan; ein Christenmensch ist ein dienstbarer Knecht aller Dinge und jedermann untertan.
Freiheit und Knechtschaft – ich kann mir vorstellen: manche unter uns werden diese Spannung, bezogen auf den pfarramtlichen Dienst, empfinden. Ist ein Pfarrersmensch tatsächlich freier Herr? Und sind er oder sie wirklich dienstbare Knechte? „Es kann doch bei aller Klage im Pfarramt nicht nur an den Strukturen liegen", hat einmal ein Kollege sehr ehrlich gesagt. „Das muss doch auch etwas mit den Personen zu tun haben."
Zu diesem Fragenkomplex möchte ich einige pastoralpsychologische Impulse beisteuern.

- Pastoralpsychologie fragt nach dem Zusammenhang von theologischer Reflexion und Ansätzen aus Psychotherapie, Kommunikations- und Sozialwissenschaften.
- Pastoralpsychologie fragt nach der Person des Seelsorgers, der Seelsorgerin, bezogen auf den Auftrag, nämlich die Kommunikation des Evangeliums.
- Und sie fragt nach der Person in ihrer jeweiligen sozialen und institutionellen Umwelt und fördert in der Unterstützung bei der Selbstwahrnehmung die Bedingungen für gelingende Kommunikation.

Der PfarrerInnen-Beruf zwischen Pflicht und Freiheit; das Thema dieser Konferenz ist erwachsen aus Ihren Fragestellungen. Als Pastoralpsychologe frage ich also zunächst einmal nach der Motivlage: Was hat Kolleginnen und Kollegen bewogen, die Fragen zu stellen, die schließlich zum Thema dieser Tagung geworden sind? Wie bin ich selbst, der ich ja auch das Pfarramt zur Genüge kenne und zwar aus unterschiedlichen Rollen, Perspektiven und Aufgabenstellungen heraus, wie bin ich selbst im Nachdenken über Ihre Fragen auf die Lutherschrift gekommen?
Und ich ahne, dahinter könnte die erlebte Spannung im pfarramtlichen Dienst stehen. Einerseits bewegen wir uns in einem Berufsfeld, das wie kaum ein anderes ein hohes Maß an freier Gestaltung bietet. Und andererseits erleben wir wachsenden Druck von Aufgaben und Pflichten, die eine Schwerpunktsetzung oft schwierig machen, eine Situation also, bei der zwangsläufig manches auf der Strecke bleibt und begleitet ist von schlechtem Gewissen. Schuldgefühle stellen sich ein, wenn die Besuche in den Gemeinden zu kurz kommen oder eine wegen Zeitdruck eher knappe Vorbereitung der Presbyteriumssitzung dann am Abend zu einem Konflikt führt, den man hätte vermeiden können. Ärger kommt auf, wenn man sich die Woche über abgerackert hat und sich dann am Sonntagnachmittag nach Gottesdienst und Kindergottesdienst noch aufmacht zu einer Veranstaltung eines örtlichen Vereins und dann an der Kuchentheke den Spruch „Werktags Pfarrer und sonntags Lehrer – das wäre schön" hört. Oder wenn man in die Predigtvorbereitung vertieft ist und herausgerissen wird, weil zwei Mitarbeiterinnen vom Basarkreis unbedingt jetzt die Schriftgrößen auf dem Werbeplakat klären wollen. Freier Herr oder dienstbarer Knecht? Als ich Leuten aus

unserem Berufsstand von dem Thema unserer Beschäftigung erzählt habe, sagten sie spontan und ein wenig frustriert: „natürlich dienstbarer Knecht!“ Dabei geht es bei Luther gar nicht um eine Alternative – bei ihm ist es ein „und“, kein „oder“.
Die Reaktionen und Vorahnungen zeigen, dass es auch um das Thema „Arbeitszufriedenheit“ geht. Lassen Sie uns also nach den einleitenden Überlegungen in einem ersten Schritt einen Blick darauf werfen.

I. Arbeitszufriedenheit im Pfarrberuf

Die Anforderungen an das Pfarramt sind sicher durch Aufgabenfülle bei zeitlichen Engpässe gestiegen. Zwar wenige Gemeindeglieder, aber diese an mehreren Orten verteilt, sind manchmal schwieriger zu betreuen als viele in nur einer Gemeinde. Überlegungen zu Neustrukturierung führen zu einer Vielzahl von Planungssitzungen, die Zeit und Kraft kosten. Manchmal machen auch die Finanzen Sorgen. Gesellschaftliche Veränderungen haben zu neuen Anforderungen geführt, weil Kirchenleitungen und Pfarrschaft aktuelle Herausforderungen und notwendige Arbeitsfelder entdecken, oft allerdings ohne manch liebgewordenen und alten Zopf abzuschneiden. In aller Regel agieren wir additiv, weil wir die Konsequenz des Loslassens, des Abschiednehmens vermeiden wollen. Abbrüche der Tradition machen Mühe, weil mit ihnen einhergeht, dass die Berufsrollen nicht mehr eindeutig sind.
In entsprechenden Studien zur Arbeitszufriedenheit werden verschiedene Konzepte unterschieden:
- Da ist erstens die *bedürfnisorientierte Konzeption* zu nennen, die sagt, Arbeitszufriedenheit entstehe da, wo möglichst breit die Bedürfnisse des Beschäftigten befriedigt sind.
- Zweitens gibt es die *kognitive Konzeption*: Arbeitszufriedenheit kommt auf, wenn die berufliche Situation so konstelliert und dazu geeignet ist, ein als wertvoll erachtetes Ziel zu erreichen.
- Dann gibt es ein *anreiztheoretisches Konzept*, wonach Arbeitszufriedenheit entsteht, wenn mein Streben nach Maximierung meines Nutzens zu erfüllen ist („Hilf, Herr, meines Lebens, dass ich nicht vergebens, dass ich nicht vergebens, hier auf Erden bin.“).
- Schließlich das *humanistische Konzept*: Mit der Möglichkeit zur Selbstverwirklichung steigt die Zufriedenheit bei der Arbeit.

Die Kategorien wiederholen sich. Wenden Sie es ethisch, erkennen Sie unschwer die vier Ethikformen von Normethik über Erfolgs- und Gesinnungsethik bis hin zur Verantwortungsethik. Nehmen Sie es psychologisch und beziehen sich auf Riemanns Persönlichkeitstypen, entdecken Sie den schizoiden, den zwanghaften, den depressiven und vielleicht auch den hysterischen Typ. Ich führe das hier nicht näher aus, weil ein anderer Aspekt mir für unsere Frage zentraler scheint.
Studien der verschiedenen Landeskirchen in Deutschland heben für das Maß an Arbeitszufriedenheit folgende Faktoren heraus: Es spielt deutlich das Stichwort „Leitung“ eine Rolle, also das Verhältnis zu Vorgesetzten,
daneben die Beförderungsmöglichkeiten,
der Umgang unter den Kollegen,

die Arbeitsbedingungen
und schließlich die Anerkennung, die man erfährt.
Diese Bewertung ist freilich nicht eindeutig vorzunehmen, da verschiedene Personen dieselben Rahmenbedingungen unterschiedlich erleben. Aus der supervisorischen Arbeit mit Pfarrerinnen und Pfarrern weiß ich, dass es aufgrund von Erfahrung, Prägung und Wertvorstellung oft zu Umdeutung scheinbar objektiver Gegebenheiten kommt. Ein Pfarrer, der aufgrund seiner Jugendbiographie ein Problem mit Autoritäten hat, wird den Faktor ‚Leitung' wesentlich intensiver erleben für seine Zufriedenheit im Dienst als das durchaus gegebene kooperative Verhalten von Kolleginnen, über das er sich freuen könnte. Die Arbeitsbedingungen können für denjenigen, der wegen eines schwach ausgeprägten Selbstwertgefühls ständig nach Anerkennung sucht, noch so gut sein; er wird bei ausbleibender Wertschätzung von außen wenig Zufriedenheit erfahren.

Zur Supervision kommt ein Kollege, der nach den ersten Amtsjahren zur Wahl in der Gemeinde ansteht, doch der Kirchenvorstand kommt zu dem Entschluss, die Pfarrstelle neu auszuschreiben. Neben der Kränkung durch die Kirchenvorsteher kommt die Rede bald auf eine scheinbar noch tiefere Kränkung: Der Dekan hat ihn in den zurückliegenden Jahren oft übersehen, ihm nicht wie anderen das Du angeboten, ihm nie ein Lob für seine Arbeit gegeben. Nun soll er auf Votum des Kirchenvorstands die Gemeinde verlassen, doch es stellt sich heraus, dass die Gemeinde selbst in großen Teilen zufrieden mit ihm ist. Eine sehr gut gefüllte Unterschriftenliste soll sein Bleiben bewirken, was aber nichts hilft. Immer wieder bekommt der Pfarrer von ehrenamtlich Mitarbeitenden, von Taufeltern oder Hochzeitspaaren und Trauernden positives Feedback. Aber das macht ihn nicht sicher in sich selbst. Es fehlt die Anerkennung des Dekans. Es stellt sich heraus, dass es bessergehen könnte, wenn doch der Dekan ihm eine gute Arbeit bescheinigen würde. Meine Frage, warum die vielen positiven Rückmeldungen einzelner Menschen weniger zählen als die ausbleibende Anerkennung des Vorgesetzten irritiert zunächst und führt dann in ein Gespräch über frühere Erfahrungen. Es macht ihn nun traurig, dass er offenbar die vielen für viel weniger wichtig hält als den einen. Und am Ende kann er zu einer neuen Werteskala finden und Stärkung daraus ziehen.

Noch einmal zu den Zufriedenheitsstudien – für die Zufriedenheit werden drei Aspekte besonders häufig genannt:
- ein großer Gestaltungsspielraum
- eine gute Zusammenarbeit mit Ehrenamtlichen
- möglichst viel Abwechslung im Arbeitsalltag
Dagegen macht unzufrieden,
- wenn man sich durch die knappe Zeit als Untertan der Zeitraster erlebt,
- wenn man sich durch die zunehmenden Verwaltungsaufgaben als Knecht der Ordner und PC's fühlt,
- wenn schlechte interne und externe Kommunikationsbedingungen in die Abhängigkeit von mangelnder Transparenz und latenter Gefahr irgendwelcher Missverständnisse führen.

Zusammenfassend kann man also sagen: Besonders zufrieden sind die Christinnen und Christen im kirchlichen Amt – und ich meine damit nicht nur Pfarrerinnen und Pfarrer -, wenn sie möglichst viele Arbeitsabläufe selbst beeinflussen können, wenn also ein hohes Maß an Freiheit herrscht.
Umgekehrt wissen wir aber auch, dass der Umgang mit Freiheiten gar nicht so einfach ist und häufig für kräftigen Druck sorgt. Freiheit heißt auch entscheiden, weil ja ‚alles tun' und ‚jedem gerecht' unmöglich ist. Vielleicht ist es letztlich auch eine Frage nach der Akzeptanz der Grenzen. Hierbei könnte Luthers Freiheitsschrift hilfreich sein. Ich habe Ihnen den gedanklichen Verlauf sowie die Beschreibung des Hintergrunds der Schrift an die Hand gegeben.

II. Martin Luther: Von der Freiheit eines Christenmenschen

Im September 1520 ist Luther das Kämpfen leid. Er wendet sich an Papst Leo X, den er an seiner Seite glaubt. Versöhnlich spricht er den Papst an als Freund nicht als Untertan, wie ein christlicher Bruder zum Mitbruder; kritisch schießt er gegen die Kardinäle am römischen Hof.
Zentral im vorausgehenden Sendschreiben scheint mir Luthers Hinweis auf die Apostel, die sich Knechte Christi nannten, nicht Statthalter. Statthalter muss es nämlich nur geben, wenn der Herrscher selbst abwesend ist. Christus ist aber lebendig unter den Seinen, er ist das Haupt, wir die Glieder. In diesem Verständnis entwickelt Luther in seiner Schrift auf der Grundlage der Lehre von der Rechtfertigung allein aus Glauben ohne Werke das Verhältnis von Freiheit und Knechtschaft. Wenn also von ‚Freiheit' die Rede ist, gehört dies in den Kontext der Rechtfertigung und meint die Freiheit von Werken, die zur Gerechtigkeit vor Gott führen sollen. Und wenn von ‚Knechtschaft' die Rede ist, dann bezieht sich das auf die im zweiten Teil der Schrift ausgeführten Gedanken zu den aus dem Rechtfertigungsglauben in Freiheit fließenden guten Werken, die ein Christenmensch in der Nachfolge tut, aber eben nur ein Christenmensch, der etwas von der Rechtfertigung verstanden hat. Luther schließt im zweiten Teil an das an, was er bereits im Frühjahr desselben Jahres schon einmal in der Schrift „Von den guten Werken" ausführlicher dargestellt hat.
Um die scheinbar widersprüchliche Rede vom Christenmenschen zu verstehen, muss man bedenken, dass Luther den Christenmenschen in zweierlei Natur ansieht. Den inneren, geistlichen Menschen kann kein äußeres Ding frei und gerecht machen. Allein der Glaube macht dies. Also braucht es gar keine Werke? Also sind wir gänzlich frei aller Werke? Nein, sagt Luther. Wir sind nur frei von Werken bezogen auf ihre Bedeutung für die Gerechtigkeit, die vor Gott gilt. Diese Gerechtigkeit bewirkt nun aber eine grundsätzliche Freiheit, in der wir zum Dienst für den Nächsten leben. Schließlich sind wir nicht nur innerer, geistlicher Mensch, sondern auch äußerer, leiblicher Mensch, existieren unter den Bedingungen des Erdenlebens und alles Leben hier ist anfänglich und harrt der Vollendung. *Obgleich der Christenmensch nun also ganz frei ist, soll er sich doch williglich zum Diener machen, seinem Nächsten zu helfen, mit ihm verfahren und handeln wie Gott mit mir durch Christus gehandelt hat.* Es geht also darum, dem Nächsten *so* zu werden, wie Gott in Christus *mir* geworden ist.

Ich will die Schrift nicht im Verlauf referieren. Sie kennen sie und haben den Argumentationsverlauf Luthers auf dem Papier vor sich. Ich möchte noch einmal drei Impulse herausgreifen, die in der pastoralpsychologischen Supervision immer wieder bei kirchlichen Amtsträgerinnen und Amtsträgern zum Thema werden:
a) Luther schreibt zum fünften und zum sechsten: *Es hat die Seele nichts anderes, weder im Himmel noch auf Erden, worin sie lebt und gerecht, frei und Christ ist, als das heilige Evangelium, das Wort Gottes. Gottes Wort zeigt das eigene Verderben und die Rettung durch Christus. Gott stellt seinen lieben Sohn Jesus Christus vor dich hin und läst dir durch sein lebendiges, tröstliches Wort sagen, du sollest dich ihm mit festem Glauben ergeben und frisch auf ihn vertrauen; dann sollen dir um dieses Glaubens willen alle deine Sünden vergeben, all dein verderbtes Wesen überwunden sein, und du sollst gerecht, wahrhaftig, befriedet, rechtschaffen sein.*
Wie sehr verlassen wir uns in unserem alltäglichen Tun und Lassen – ich nenne bewusst auch das Lassen – auf diese geglaubte Wahrheit? Ich kenne die Angst, unglaubwürdig zu werden, an Ansehen zu verlieren, Positionen zu verspielen, wenn nicht jeder Tag im Terminkalender ausgebucht ist. Ich frage mich zunehmend aber auch, ob es nicht eine neue Glaubwürdigkeit wirkt, wenn ich den Glauben an die Gnade lebe und daraus arbeite. Ich erfahre das als entlastend; nicht nur für mich, sondern auch für andere.
b) Luther schreibt zum sechzehnten: *Wer nicht an Christus glaubt, dem dienet kein Ding zugut; ist ein Knecht aller Dinge, muss sich aller Dinge ärgern.*
Ärgern wir uns nicht oft genug über die Dinge, die uns begegnen? Dann wäre –wie erschreckend – umgekehrt gedacht das Maß meines Ärgers auch ein Maß meines Glaubens. Man kann es aber auch positiv formulieren: Am Grad der Gelassenheit in meinem Leben ließe sich mein Vertrauen zu Gott ablesen.
Und schließlich c) Luther schreibt zum sechsundzwanzigsten: *Das gute Werk ist einzig auf den Nächsten gerichtet und dienet nicht der eigenen Seligkeit.*
Jede und jeder kann nur für sich selbst anschauen, wie viel von dem, was er meint, tun zu müssen und dann tut, der Motivation entspringt, gut zu sein – er also zuerst sich selbst und seine Seligkeit im Blick hat. Das kann wirklich viel Druck machen.

Nach dem Blick auf die Arbeitszufriedenheit und nach den Gedanken zur Freiheitsschrift will ich nun in einem dritten und letzten Schritt noch ein spezielles Phänomen näher ansehen und eine Anregung dazu geben. Oft konzentriert sich meiner Wahrnehmung nach die Rede von der Müdigkeit im Pfarrberuf auf die Aspekte Zeit und Energie. Beides scheint im Alltag zu verfließen, ohne dass man etwas Konstruktives tun könnte. Zeit und Energie – ich folge Impulsen des früheren Professors für Seelsorge am Theologischen Seminar in Herborn, Gert Hartmann:

III. Umgang mit Zeit und Energie

In der Supervision mit einem Gemeindepfarrer wird schnell die Zeitgestaltung zum Thema. „Die Anforderungen sind so hoch, dass ich kaum mehr Freizeit habe“, klagt er. „Ich müsste mir unbedingt mehr Zeit für meine Familie nehmen.“ Solche Formulierungen sind verräterisch, denn wenn man sich mehr Zeit für Freizeit und Familie nehmen ‚muss' oder ‚müsste', werden auch sie als Bereiche von Pflichten

empfunden. In der Beschäftigung mit dem Thema entdeckt der Gemeindepfarrer bald, dass es nicht etwa eine Vielzahl von Terminen wäre, die ihn zu viel Zeit kostet, sondern eher die vielen neuen Eindrücke, deren Verarbeitung für ihn als Berufseinsteiger Zeit fordert und bisweilen auch mühevoll ist.
Gert Hartmann hinterfragt in seinem Konzept die alltagssprachlichen Unterscheidungen von „Arbeit und Freizeit“ oder „Beruf und Privatleben“ als trügerisch, weil hier etwa der Beruf einseitig als Erfahrungsfeld anstrengender Herausforderungen und großer Ansprüche beschrieben wird, während Freizeit ebenso einseitig als Feld der Rekreation erscheint. Tatsache ist aber, so behauptet Hartmann, dass es auch im Beruf Wohltaten gibt, während umgekehrt auch in der Freizeit anstrengende Pflichten bestehen.
Konfrontiert mit dieser Beobachtung, sieht der Kollege aus dem Gemeindepfarramt, dass er zum Beispiel außerberuflich in der Freizeit frei gewählte Tätigkeiten etwa im Haushalt ausführt, die ihn regelmäßig nerven und Energie kosten; andererseits im Berufsfeld einer per Dienstanweisung verordneten Tätigkeit nachgeht, die ihn positiv ausfüllt, bestärkt und wenig anstrengt.
Hartmann differenziert in einem Raster anhand von Tätigkeiten die Gegensatzpaare genauer als wir es gewohnt sind. Das Gegenteil von „beruflich“ sei nicht „privat“, sondern „außerberuflich“. Und das Gegenteil von „privat“ ist „öffentlich“. Schließlich geschehe auch manches Berufliche in einem nicht öffentlichen Rahmen, also privat, wie zum Beispiel das Lesen eines Fachbuches. Umgekehrt ist das Engagement in einem Verein eine außerberufliche Tätigkeit, die aber öffentlich geschieht.
Gert Hartmann weist auf die Bedeutung ideologischer Bewertungen im Umgang mit Zeit und Energie hin. Damit Ruhe und Müßiggang nicht als vertane Zeit gelten, müssen sie als ‚Erhaltung der Arbeitskraft’ definiert werden. Denken wir nur daran, dass Bewertungen im Lauf der Zeit auch wechseln können. In der bürgerlichen Gesellschaftsform zählt die Ausübung eines Berufes als Hinweis auf Tüchtigkeit; im Feudalismus zählte der ererbte Adel als angesehene Möglichkeit, ohne Beruf als Privatier zu leben. Woher kommen eigentlich die Maßstäbe und welcher Blickwinkel ist eigentlich für uns leitend? Wir kennen das doch: Wo in der 60er und 70er Jahren mit Ernst Lange Kirche-Sein bedeutete, für andere da zu sein, macht man sich heute mit dieser Ansicht leicht eines Helfersyndroms verdächtig.
Auffällig ist, dass bei Menschen in pastoralen Berufen in der Frage von Zeit und Energie häufig das „müssen“ auftaucht. „Ich müsste mehr Besuche bei Kranken machen... aber ich muss mich ja so viel um diese lästige Verwaltung kümmern.“ „Ich müsste unbedingt mal wieder im Garten arbeiten“ usw. Könnte das manchmal ein Hinweis darauf sein, dass es weniger um den hohen Arbeitsanfall geht und vielleicht eher die Frage nach *Rechtfertigung* gegen *Schuldgefühle* im Hintergrund steht?

Das Spannende ist, *wie* ich eine Tätigkeit bewerte oder wegen meiner erlernten Muster bewerten will. Die theologische oder spirituelle Überwindung manch ideologischer Bewertung kann schon hilfreich sein.
Luther sagt zum einundzwanzigsten: *„Nachdem die Seele rein ist und Gott liebt, geschehen die Werke aus freier Liebe und ein jeglicher kann selbst entnehmen das vernünftige Maß.“*

Die seelischen Grenzen des Wachstums

(Vortrag bei einem Studientag von theologischen Fachzentren in Mainz im November 2016)

I.Einleitung

Ein Mann, der in seinem Berufsfeld eine Leitungsfunktion ausübt, hat ein Gespräch verabredet. Er wirkt frustriert und ratlos, klagt über Belastungen durch die Arbeit. Der dauernde Zuwachs an Aufgaben bei gleichzeitiger Reduktion von Stellenanteilen macht ihm zu schaffen. Hinzu kommt in seiner Firma eine hohe Anforderung an räumliche und zeitliche Flexibilität, die Verteilung der Arbeit auf mehrere Orte, was zunehmend durch Fusionsbestrebungen einzelner struktureller Einheiten noch erschwert wird, weil sie die Räume vergrößern, was wiederum viel Zeit im Auto auf der Straße braucht. Im Gespräch wird deutlich, wie schwierig es ist, sich zu arrangieren und Veränderungen hinzunehmen, die man selbst nicht gewollt hat, die über den eigenen Kopf hinweg geschehen sind. Und jede weitere Erfahrung, die an diese Kränkung erinnert, kostet zusätzlich Energie, weil sie bewältigt werden muss. Deutlich spürbar sind Gefühle von Ohnmacht, Versagen und Scham, weil man doch in seiner Position eigentlich über die Kompetenz verfügen müsste, mit den Dingen klar zu kommen und sie für sich zu regeln. Heutzutage ist jeder schließlich selbst verantwortlich für sein Wohl und Wehe, sagt er.

Erschwerend kommt hinzu – und das macht ihm eigentlich am meisten zu schaffen -, dass er Veränderungen an sich selbst feststellt. Aufmerksamkeit für andere hat gelitten, Grobheiten und Ungerechtigkeiten schleichen sich ein, Rückzug und Racheimpulse stören sein Selbstbild. Konkurrenz und Konflikt nehmen zu. Dieser Mann, der in seinem Berufsfeld eine Leitungsposition ausübt und ein Gespräch verabredet hat, ist übrigens Pfarrer. Im Lauf der Begegnung sprechen wir über den 33.Psalm, der sich an einen Gott wendet, dessen Wort wahrhaftig und dessen Zusage verlässlich ist, dessen Auge auf alle achtet, die auf seine Güte hoffen, der nicht auf Gewalt, Stärke und viel Eigentum setzt, der vom Tod errettet und am Leben erhält, wo der Mensch hungert.

„Unsere Seele harrt auf Gott; er ist uns Hilfe und Schild", wird da gebetet. (Vers 20)

1.Die Psalmen als Seelenspiegel

Kaum ein Buch der Bibel spricht so viel von der Seele wie die Psalmen. Nicht nur, dass der Begriff hier am häufigsten genannt wird. Vielmehr geben die Psalmen ein breites Bild der Äußerungen und Bewegungen der Seele. Sie sind keine Rede über Gott, sondern Anrede. Und wo in diesem kommunikativen Geschehen die Seele zu Wort kommt, erhalten wir Einblick in das Wesen und die Bestimmung des Menschen. Wenn die Psalmen von *Seele* sprechen, meinen sie den Kern menschlicher Lebendigkeit. Und weil hier dem Kern unserer Lebendigkeit Sprache verliehen wird, sprechen wir in jedem Gottesdienst einen Psalm und beten in der seelsorglichen Situation möglicherweise einen Psalm.

Fühlt man sich näher in den ein oder anderen Psalm ein, kann ein Eindruck vom Maß der menschlichen Seele entstehen. Die Seele ist erschrocken und sucht die Güte Gottes (Psalm 6); es geht um die Erfahrung von Schuld und Buße. Die Seele soll erlöst werden (Psalm 69); da geht es um die Begegnung mit dem Bösen. Schuld braucht Vergebung; vom Bösen muss einer erlöst werden – diese Differenzierung kennen wir auch aus dem

Vaterunser. Die Seele sorgt sich, weil sich Feinde erheben und die Beterin oder den Beter bedrohen (Psalm 13). Die Seele soll bewahrt werden in Einsamkeit und Elend (Psalm 19/Psalm 23). Die Seele wartet sehnsüchtig auf Gott, der Gerechtigkeit aufrichten wird (Psalm 23/Psalm 42). Auch äußert sie sich fröhlich darüber, dass Gott den Weg zum Leben kundtut und nicht dem Tod überlässt (Psalm 16) und sie fühlt sich erquickt durch die ethische Orientierung, die Gott gibt (Psalm 19). Die Seele kann sich gebeugt zeigen, weil sie übervoll an Leiden ist in Todesnähe (Psalm 88); sie ist überflutet und wird errettet (Psalm 124). Mir scheinen beim Lesen und Beten der Psalmen die seelischen Grenzen auf. Und wenn Wachstum thematisiert wird, dann handelt es sich nicht um eine unbestimmte und in seinen Möglichkeiten grenzenlose Ausdehnung; vielmehr um ein Wachsen im Rahmen göttlicher Bestimmung menschlichen Lebens.

II.Belastungsaspekte in pastoraler Praxis

In der kurzen Schilderung einer Begegnung zu Beginn sind einige Aspekte der Grenzerfahrungen im Pfarrberuf genannt. Ich möchte sie nicht wiederholen und durch vielfach weitere Aspekte ergänzen, um die seelischen Grenzen in der praktischen Ausübung des Pfarramtes darzustellen. Sie sind auch sämtlich immer wieder benannt und können allenthalben nachgelesen und mit eigener Praxiserfahrung abgeglichen werden. Ich will den Fokus auf drei Beobachtungen richten, die mich immer wieder beschäftigen. Ich will einen Blick werfen auf die Art der Reaktionen von Seiten der Organisation ‚Kirche' und schließlich ein paar schlichte Gedanken zur Veränderung mitteilen.
Zunächst also zu Beobachtungen, wobei es sich um drei Themen handelt, die in Begegnungen zunächst nicht oben auf liegen und sich doch immer wieder mit Blick auf Grenzerfahrungen als bedeutsam erweisen. Ich beschränke mich aus Zeitgründen jeweils auf eine Skizze, die ich als Anregung zum gemeinsamen Weiterdenken verstehen möchte.

1.Erfahrungen im Raum – Wohnen und Lebensweise

Die erste Beobachtung bezieht sich auf Erfahrungen im Raum, auf das Wohnen nämlich. *Wohnen* ist gesellschaftlich ein zunehmend starkes Thema, zumal es immer weniger bezahlbaren Wohnraum gibt; vor allem in den Städten. Wohnungen sind Spekulationsobjekte geworden; Wohnraum in öffentlicher Hand und sozialer Wohnungsbau sind auf dem Rückzug, nahezu 30 Euro Mietpreis pro Quadratmeter in einer Stadt wie Frankfurt keine Seltenheit mehr. Man rechnete einmal mit einem Drittel des Einkommens für das Wohnen; Investoren möchten die knappe Hälfte des Einkommens als normal durchsetzen. Wohnungen sind Statuszeichen. Einschlägige Zeitschriften zeugen davon und füllen Regale in Bahnhofsbuchhandlungen. Wohnen ist nicht nur ein Dach über dem Kopf haben; wohnen ist Lebensweise. Und deshalb ist es auch –wenn auch nicht durchgehend, aber zunehmend – ein Thema im pfarramtlichen Dasein. Das Wort *habitare* bezeichnet nicht nur eine schlichte Sachlage, sondern gibt der Handlungs- und Lebensweise Ausdruck und wird bisweilen als nicht kompatibel mit den Vorstellungen einer Kirchengemeinde empfunden, was an seelische Grenzen führen kann. Das verwundert nicht, hängt dieses Thema doch mit einer wichtigen Frage des pastoralen Dienstes, nämlich der Frage nach dem Verhältnis von Person und Amt zusammen.

2.Erfahrungen mit der Zeit – chronologische und messianische Auffassung

Eine zweite Beobachtung handelt von Erfahrungen mit der Zeit. Wenn Kolleginnen und Kollegen, getrieben von vielen Anforderungen, über Hast und mangelnde Zeit klagen, dann liegen die Beschreibungen realer Tagesläufe und damit verbundener Empfindungen ganz auf der Linie chronologischer Zeitvorstellung; sie erscheinen mir dann manchmal wie ohnmächtige Zuschauer ihrer selbst – besonders verdichtet übrigens in der gegenwärtigen Adventszeit. So lässt sich aber Advent nicht begreifen, und das wissen wir, und darum sorgt die reale Adventserfahrung mit dem bekannten Satz „wir hetzen mal wieder von einer besinnlichen Adventsfeier zur nächsten" für hohes Leidenspotenzial. Gottes Kommen, das wir vertrauensvoll erwarten und das verbunden ist damit, dass die Zeit erfüllt *ist*, dieses Kommen lässt sich nicht chronologisch verstehen und öffnet den Blick auf ein transformiertes Verhältnis zu dem, was wir „Zeit" nennen. Der italienische Philosoph Giorgio Agamben hat dazu umfangreich gearbeitet und erinnert uns an die messianische Zeiterfahrung, die keine zeitliche Dauer bezeichnet, sondern im Gebrauch der Zeit gelebte Zeit qualifiziert. Die Frage, wie wir mit der Zeit umgehen, heißt dabei immer, wie wir mit uns selbst, mit anderen, mit der Welt umgehen. Messianische Zeit ist *Jetzt-Zeit*, Zeit, die uns bleibt. Hieran weiter zu denken und Erfahrungen zu machen ist nicht nur ein Impuls für die Adventszeit, sondern auch für jeden Sonntag, der nicht nur von Ladenöffnungszeiten tangiert wird, wo wir doch Kraft sammeln sollen für eine neue, möglichst gut funktionierende Arbeitswoche, der vielmehr Raum für neue Zeiterfahrung bieten könnte, die dann *alle* Zeit prägt. „Kein Zeitpunkt kann ohne die Möglichkeit gedacht werden, dass er von Gottes Novum erfüllt gewesen sein wird", wie Peter Scherle formuliert.

3.Erfahrungen mit einem Bild – Hirte und Herde

Die dritte Beobachtung schließlich bezieht sich auf Erfahrungen mit einem Bild vom pfarramtlichen und insbesondere seelsorglichen Dienst. Fragend nach einem biblischen oder theologischen Bild für den Dienst begegnet mir schnell und häufig in selbstverständlicher Weise das Bild des Hirten – auch bei Kolleginnen.

Unter Rekurs auf Michel Foucault hat der katholische Theologe Hermann Steinkamp bereits 1999 die Hirtenmethapher näher untersucht. Hirten müssen wissen, was gut für ihre Herde ist; sie führen sie zu einem guten Ziel. Sie haben die Aufgabe, die Herde zu versorgen; sie sorgen möglichst für jedes einzelne Schaf. Dazu ist es aber auch nötig, ein sehr genaues Auge auf die Herde zu haben. Hirten müssen sich immer in der Nähe der Herde aufhalten, weil sie sich ohne ständige Begleitung zerstreuen könnte. Der Auftrag der Versorgung ist inzwischen eingefügt in eine umfassende Dienstleistungsmentalität nach einem an Zahlen orientierten marktförmigen Prinzip. Das Ideal eines Hirten, der dem verlorenen Herdentier nachgeht, bis er es gefunden hat, erfordert immer wieder die Beantwortung der Frage, wo ich mich noch im Bereich wertschätzender Aufmerksamkeit bewege oder doch schon in den Kontrollmodus umgeschaltet habe. Beides –umfassende Versorgung und umfassende Präsenz und damit die Erwartung umfassender Erreichbarkeit- kann eigentlich nur dem gelingen, der seine eigenen Grenzen missachtet und überschreitet.

III. Wie Kirche als Arbeitgeber reagiert

Im Sinne der Fürsorgepflicht reagiert die Kirche als Arbeitgeber auf vielerlei Weise auf die Überlastungsanzeigen. Diese Reaktionen sind auf verschiedenen Ebenen angesiedelt und müssen deshalb auch bezüglich ihrer Wirkfähigkeit differenziert werden. Häufig wird behauptet, die Organisationsleitung schaue dem seelischen Verfall der Pfarrschaft tatenlos zu. Das ist nicht richtig. Ich kenne keine andere Berufsgruppe, in der es möglich ist, alle zehn Jahre eine dreimonatige Auszeit, eine Sabbatzeit zu nehmen. Daneben werden mit verschiedenen Inhalten Pastoralkollegs angeboten. Im jüngsten Band der Herborner Beiträge hat Propst Schütz diese Kollegs unter anderem als Orte der Vergewisserung, des kollegialen Gesprächs, des geistlichen Lebens und der Begegnung zwischen Pfarrerinnen und Pfarrern und ihrer Leitung bezeichnet. Bei konkreten Problemanzeigen wird ein breites Angebot von Beratungsmöglichkeiten zur Verfügung gestellt. Ich denke hierbei an Supervision und Coaching, an psychologische Beratung und auch an Fortbildung.
Ganz aktuell wurde im Sommer dieses Jahres die „Handreichung für die Gestaltung des Pfarrdienstes“ veröffentlicht. Neben Hinweisen zur Erarbeitung einer Pfarrdienstordnung und Formularmustern steht die Berechnung von Arbeitszeit für einzelne pfarramtliche Aufgaben im Mittelpunkt der Handreichung. Natürlich kann man sich wundern, dass hier weniger Zeit für die Arbeit an der theologischen Existenz vorgesehen ist als für Verwaltungsaufgaben. Und natürlich kann man misstrauisch werden, dass so oft –nämlich achtmal- geschrieben werden muss, dass es sich hierbei nur um Anhaltspunkte und Orientierungswerte handelt und sicher nicht um eine zu erfüllende Norm oder gar um Kontrolle. Wo etwas allzu oft betont wird, wächst leicht die Ahnung vom Gegenteil der Behauptung. Dies wäre *ein* Punkt kritischer Betrachtung. Schwieriger noch empfinde ich die erlebbare Wirkung, die sich in einem gesteigerten Maß an Selbstkontrolle des Einzelnen zeigt. Wo dieser Effekt einsetzt, wäre das Ziel verfehlt. Da wäre ja auch die Organisation der hässlichen Mühe um Kontrolle enthoben, wenn es gelänge, das Maß an Disziplin und Selbstkontrolle beim Einzelnen zu steigern. Man könnte die Handreichung zunächst einmal sehr ernst nehmen, wo sie sich in ihrer präventiven Absicht gegen Ermüdungs- und Erschöpfungserscheinungen zu erkennen gibt und als Leitlinie ein Zitat von Ulrike Wagner-Rau ins Zentrum stellt: *„Theologie beginnt mit der schmerzlichen Einsicht, dass dem Menschen nichts unbegrenzt zur Verfügung steht: nicht die Lebenszeit und nicht die Lebenskraft. Die Grenzen verfügbarer Ressourcen und die Grenzen eigener Möglichkeiten sind in die Menschlichkeit konstitutiv eingeschrieben.“*
Zuletzt möchte ich im Zusammenhang mit ganz praktischen Erscheinungen im Umgang mit der seelischen Grenze Überlegungen ansprechen, mit denen einem Modebegriff die Tür zur kirchlichen und pfarramtlichen Wirklichkeit geöffnet wurde. Es geht um *Resilienz*. Quer durch die Ratgeberliteratur wird die Arbeit an der eigenen Resilienz als Heilmittel dargestellt und so ist dieses Heilmittel nun auch in kirchlichen Arbeitsgruppen und Landeskirchen übergreifenden Projektmaßnahmen angekommen.

Der Begriff stammt schon aus dem 19.Jahrhundert und bezeichnet zunächst die Fähigkeit eines Objekts, nach einer Deformation die ursprüngliche Gestalt zurück zu erlangen. Später wird er dann verwendet für die mentale Fähigkeit, Stress oder widrige Umstände durchzustehen und sich von negativen Auswirkungen ganz schnell wieder zu erholen. In ihrem Aufsatz „Grenzen des Wachstums“ entlarvt die Soziologin Stefanie Graefe Resilienz als eine Ideologie, *„mit der das Subjekt vorbereitet wird für das selbstverantwortliche Überleben in spätkapitalistischen Gesellschaften.“* (Psychosozial, Nr.143/2016, S.46f) Sie bilde eine *„Kernkompetenz zum Umgang mit den durch die imperiale Lebensweise produzierten Desastern.“* Peter Scherle, ebenfalls im bereits genannten Band 7 der Herborner Beiträge, verortet die Resilienzthematik völlig nachvollziehbar beim *Mythos von der beständigen Selbstoptimierung*. Denn genau darum geht es, und ich kann es ganz praktisch durch Erfahrung in Einzelgesprächen und Supervisionen belegen, was auch Stefanie Graefe benennt: Es handelt sich bei der *„resilienten Persönlichkeit nicht um eine Ablösung von der Figur vom unternehmerischen Selbst, sondern um deren psycho-biologische Erweiterung.“* Es geht im Kern um ein Stabilisierungsprogramm, bei dem die krisenfeste Persönlichkeit keinen Bedarf hat, ein System zu verändern; sie verändert sich selbst. Und im selben Zuge wird es möglich, sagt Graefe, *„soziale Verwerfungen und Verlierer auf unterschiedliche Resilienzausstattungen zurückzuführen und damit zu individualisieren.“*

IV.Veränderung und Transformation

Damit komme ich zum letzten Punkt, zu einigen vorläufigen Gedanken zu Veränderungen; vorläufig deshalb, weil sie eben nicht zu Ende gedacht sind und vielleicht auch alleine gar nicht zu Ende gedacht werden können, sondern nur miteinander im Prozess. Voranstellen muss ich eine grundsätzliche Kritik an den gerade genannten Unterstützungs- und Hilfsprogrammen. Bei gebotener Differenzierung in der Bewertung einzelner Maßnahmen setzen sie hinsichtlich der Veränderung alle beim Individuum an und vermeiden den Blick auf Veränderungen organisationaler Rahmenbedingungen und Sichtweisen. Und sie liegen damit im Trend neoliberaler Betrachtungsweisen und sind eingebunden in die dauernde Reproduktion von Wachstumslogiken. Mehr noch: Unabhängig von der Sichtweise der Organisation muss man sich mit der bereits zitierten Stefanie Graefe fragen, warum der Wachstumsimperativ so bereitwillig akzeptiert wird, dass es womöglich nur zur inneren Kündigung kommt, nicht aber zum unübersehbaren Protest. Vielleicht wurde im lebenslangen Lernprozess zu sehr in sich aufgesogen, was das Konzept des unternehmerischen Selbst vorgibt zu sein, nämlich eine großartige Erweiterung der Handlungsmöglichkeiten und ebenso eine Unterstützung von Wünschen sozialer Distinktion.

Ich nehme noch einmal die Stichworte „Raum“ und „Zeit“ auf und skizziere Spuren, die verändern.

1.a)Wir können *Begegnungsräume* in der Seelsorgefort- und -weiterbildung nutzen.

-Ich finde einen Raum, in dem ich Beziehung zu anderen aufnehmen kann und mich selbst erfahren kann in der Begegnung mit anderen.

-Ich finde einen Raum, in dem ein ehrlicher Austausch möglich ist, gegenseitiges feedback, wie man heute sagt – Michel Foucault hat unter Rückgriff auf die antike Idee von *„Parrhesia"* gesprochen, dem wahrhaftigen Aussprechen unter Verzicht auf taktische Kommunikationsmuster und manipulative Interessen.
-Ich finde einen Raum, in dem Solidarisierung im positiven Sinn angestoßen werden kann.
Als Studienleiter für Fort- und Weiterbildung ist es ein ganz praktischer Hinweis, wenn ich nach Veranstaltungen auf Evaluationsbögen lese, dass von Teilnehmenden die Möglichkeit zum kollegialen Gespräch besonders geschätzt wird.
1.b)Wir können daneben *Reflexionsräume* nutzen,
-weil dabei einzelne Erlebnisepisoden zu Erfahrungen verarbeitet werden können, indem einzelne Lebens- und Arbeitsschritte eine Nachlese erfahren;
-weil dabei entdeckt werden kann, was ich als Nächstes wirklich tun möchte oder auch nicht;
-weil dabei das, was mir alltäglich begegnet, unter theologischen Gesichtspunkten befragt werden kann.
Für mich ist es ein Hinweis, wenn ich auf Evaluationsbögen auch lese, dass von Teilnehmenden das fachlich, theologische Nachdenken geschätzt wird.

2.Dies erfordert zeitliche Möglichkeiten und genau dies ist die zweite Spur: wofür gebrauche ich die Zeit, die mir bleibt? Es macht einen Unterschied, ob ich mein Zeitverständnis allein durch den Blick in den Kalender leiten lasse, wo die Stunden in Spalten gezeichnet sind und viele Spalten einen Eintrag haben oder ob ich Zeit von dem her verstehe, was zeitlich *passiert*. Mit diesem Unterschied –das ist bislang meine Hoffnung- kann die Möglichkeit wachsen, Zeichen der Zeit besser zu lesen (was ist jetzt eigentlich dran?!)Der Messias ist der „Erchómenos", der, der potenziell unaufhörlich kommt.

Mir ist bewusst, dass man diese Spuren illusorisch und fern der Realität nennen kann. „Ja, wenn ich könnte, wie ich wollte…", lautet dann der dazu gehörige Satz. Nun mache ich aber in Fortbildungsgruppen manchmal auch die Erfahrung, wie lebendig die Beschäftigung mit unserem Thema werden kann, wenn wir uns die Freiheit nehmen und den bekannten Satz einfach mal für einen Augenblick umdrehen und sagen: „wenn ich wollte, wie ich könnte…".

Quellen

Agamben Giorgio, Die Zeit die bleibt, Ein Kommentar zum Römerbrief, Frankfurt 2015
Ev. Kirche in Hessen und Nassau, Handreichung für die Gestaltung des gemeindlichen Pfarrdienstes, Darmstadt 2016
Graefe Stefanie, Grenzen des Wachstums, Resiliente Subjektivität im Krisenkapitalismus, in: Psychosozial, 39.Jg., Nr.143,2016/1, S.39ff
Scherle Peter, Die ausgebrannten Kinder Kains, Herborner Beiträge, Band 7, S.5ff
Schütz Klaus-Volker, Im Wandel gute Wege finden, Herborner Beiträge, Band 7, S.159ff

„wie der Weinstock seinen Reben…"
– Selbstsorge und Seelsorge in der Gemeinde
(Vortrag bei einer Pfarrkonferenz in Rheinhessen im April 2017)

I.Einleitung

Sie haben mich eingeladen, weil die Konferenz ein seelsorgliches Thema zum Inhalt haben soll. Vielen Dank für diese Einladung. Mein Plan: ich möchte Ihnen eine Reihe von Überlegungen zum Thema mitteilen, einen Erfahrungsraum öffnen und dazwischen kleine methodische Impulse anbieten – entspannt in 90 Minuten.
Der Zusammenhang von Seelsorge und Selbstsorge soll dabei im Fokus sein. Bevor wir aber in die Beschäftigung einsteigen, müssen wir uns darüber verständigen, was eigentlich gemeint ist, wenn wir von „Seelsorge" sprechen. In der EKD-Schrift „Menschen stärken" von 2015 heißt es dazu: „Die Alte Kirche unterschied zwischen der allgemeinen und der speziellen Seelsorge. Die allgemeine Seelsorge (cura animarum generalis) meint die Gesamtheit des kirchlichen Auftrags: *Alles* kirchliche Handeln zielt auf Rettung und Heilung der Seele. Die Arbeit in *allen* kirchlichen Handlungsfeldern hat seelsorgliche Dimensionen." Davon unterschieden ist die cura animarum spezialis, was etwa bei Schleiermacher im Gegenüber zum Dienst an der Gemeinde als Gesamtheit den speziellen Dienst am Einzelnen meint und bei Kerstin Lammer in der EKD-Schrift als Auftrag definiert wird, der sich an Menschen in besonderen Lebenslagen ausrichtet. Es geht also bei der Unterscheidung von allgemeiner und spezieller Seelsorge nicht um Inhalt oder Tiefe der Begegnung; es geht um das jeweilige Gegenüber. Auftrag und Inhalt sind gleich: Der Seelsorge ist es zu tun um Vergewisserung und Orientierung. Schleiermacher meinte, Seelsorge sei eine Hilfe, sich mit Zweifeln und existenziellen Konflikten auseinander zu setzen, in Leidenserfahrungen den Zugang zur Gottesgewissheit offen zu halten und wieder Zugang zu finden zur Freiheit aus Glauben. Dietrich Roessler hat Seelsorge als Hilfe zur Lebensgewissheit bezeichnet und dabei drei Aspekte ausgemacht: die Gewissheit über den Grund meiner Existenz; die Gewissheit im Blick auf die Orientierung im Leben; die Gewissheit bezüglich der Gemeinschaft des Lebens. Eilert Herms meint, die Seelsorge spreche den Menschen auf sein Wesen und seine Bestimmung an. Ziel ist dabei die Vergewisserung des Einzelnen in seinem glaubenden, handelnden und sozialen Leben. Inhalt der Seelsorge ist die glaubende Vergewisserung des eigenen Lebens; möglicherweise eine neue Lebensdeutung durch die Erschließung unbedingter Annahme. Formen, in denen Seelsorge geschieht, können dabei vielfältig sein, so sie die Zuwendung zum Nächsten im Sinn der Botschaft erfahrbar machen. Hilfreich scheint mir in diesem Zusammenhang eine Differenzierung, die Doris Nauer in den Diskurs eingebracht hat (2010). Seelsorge als Sorge um den *ganzen* Menschen betrifft nach Nauer drei Dimensionen. Mit Blick auf die *spirituelle* Dimension handelt es sich darum, Spuren Gottes im Leben zu entdecken, Hoffnung zu unterstützen, Trost zu vermitteln, den Umgang mit Schuld zu ermöglichen. Ist die *psychische* Dimension angesprochen, geht es darum, das Gegenüber zu beraten, Konflikte und Dilemmata verstehbar zu machen, Identitätsbildung zu fördern und Lebensgeschichte zu würdigen. Und schließlich im Rahmen der *körperlichen* Dimension wären die diakonischen

Aspekte von Seelsorge angesprochen (Kontext analysieren, Hilfe zur Selbsthilfe, prophetische Dimension).
In all dem ist eine Begegnung nicht erst dann seelsorglich zu nennen, wenn aus der Bibel zitiert und gebetet wurde. Die Frage ist vielmehr, welchen Deutungshorizont Seelsorgende mitbringen und möglicherweise anbieten. Das Gespräch über den Geburtstag beinhaltet auch Gedanken an die „Zeit", die „Lebenszeit", womöglich den „Tod". Ein Austausch über das Thema „Geld" berührt Fragen der biblischen Gebote und der Gerechtigkeit. Bei Krisen und Selbstzweifeln steht die Frage nach der Rechtfertigung im Raum. Das Thema „Gestaltung des eigenen Lebens" kann die Frage nach Gottes Willen und nach der Gewissheit des eigenen Lebens trotz allen Scheiterns kaum ausblenden.
Es würde also in der Seelsorge darum gehen, ein Thema zu identifizieren und aus der Perspektive meines christlichen Glaubens ein Angebot zur Vergewisserung und zur Orientierung zu machen. Dies gilt nicht nur für die Begegnung unter vier Augen. Cura animarum generalis meint, dass kirchliches Handeln in seiner Gesamtheit Seelsorge bedeutet. Eine wichtige seelsorgliche Aktionsweise im Sinne der cura animarum generalis –ich betone das, weil es leicht übersehen wird- ist der Gottesdienst. Hier wird Lebenserfahrung auf dem Hintergrund der christlichen Botschaft bedacht; hier wird Hoffnung ausgesprochen und Trost gespendet; hier wird Vergewisserung und Orientierung über Wesen und Bestimmung der menschlichen Kreatur angeboten. Dies alles durch biblischen Text, liturgische Form und durch Dichtung und Melodie unserer Lieder des Gesangbuchs. Deshalb habe ich eine Gesangbuchzeile als Titel für unser Thema gewählt.
Soweit mein Angebot zur Verständigung darüber, was eigentlich gemeint ist, wenn wir von Seelsorge sprechen.

Die ausgewählte Verszeile „wie der Weinstock seinen Reben" –und wir kennen die Fortsetzung: „zuströmt Kraft und Lebenssaft"- verweist auf den Zusammenhang von seelsorglicher Tätigkeit und Selbstsorge. Der Liedvers bezieht sich auf eine Perikope aus Johannes 15, wo es um das Bleiben in Christus geht, um Frucht zu bringen. Wie die Rebe ohne den Weinstock nicht wirken kann, so brauchen wir die lebendige Verbindung zu Christus. Seelsorgende haben eine eigene Praxis der Selbstsorge nötig, um andere begleiten zu können.

II.Ein Fragebogen

Nach diesem Einstieg möchte ich Sie gerne einladen, einen Blick auf einen Fragebogen zu werfen. Schauen Sie sich die Fragen an. Lassen Sie sich anregen. Wo würden Sie spontan antworten? Wo müssen Sie länger nachdenken? Es geht nicht darum, unbedingt jede Frage zu klären. Wenn Sie an einer Frage hängenbleiben und dafür andere Fragen vernachlässigen, ist das völlig in Ordnung.

(die Arbeit mit Fragebögen ist angeregt durch die Lektüre von Max Frisch, Fragebogen, 1998)

1.Wann haben Sie zuletzt erlebt, dass ein anderer Ihnen gegenüber Mit- Leidenschaft gezeigt hat? Und woran haben Sie das gespürt?
2.Haben Sie schon einmal erwogen, den Beruf zu wechseln?
3.Was beobachten Sie an sich im Fall, dass Sie sich überfordert oder ohnmächtig fühlen: ziehen Sie sich eher zurück und klagen oder werden Sie noch geschäftiger als Sie es ohnehin schon sind?
4.Welchen Umgang mit Grenzen haben Sie in Ihrer Entwicklung erfahren?
5.Teilen Sie das Bild vom Seelsorger/ von der Seelsorgerin als Hirte / als Hirtin?
6.Glauben Sie an die Möglichkeit, sich selbst zu verändern?
7.Wofür würden Sie sich gerne mehr Zeit nehmen:
a)Momente der Sammlung im Tageslauf
b)Lektüre (u. Aufzeichnungen)
c)Gespräche mit vertrauter Person
d)Achtsamkeit für eigenen Körper
Und was versprechen Sie sich davon?
8.Haben Sie auf Urlaubsreisen Ihr Diensthandy und Notebook im Gepäck?
9.Wann haben Sie zuletzt über die Rechtfertigung allein aus Glauben gepredigt und woran haben Sie gemerkt, dass Ihre eigene Predigt Sie überzeugt hat?
10.Erklären Sie sich Misserfolg eher mit veränderbaren Tatsachen wie Tagesform, Pech und Strukturen oder denken Sie an eigene Unfähigkeit oder mangelnde Begabung?
11.Welche Befürchtungen tauchen in Ihnen auf, wenn Sie einmal nicht etwas für andere tun, sondern für sich?
12.Wer ist Ihr Seelsorger / Ihre Seelsorgerin?

(Nach einer Beschäftigung mit dem Fragebogen kommt es zum Austausch mit dem Platznachbarn. Danach werden im Plenum die folgenden Fragen bedacht:
-Wie ist es Ihnen mit den Fragen ergangen?
-Wo sind Sie hängen geblieben?
-Was ist durch den Austausch mit dem Nachbarn für Sie wichtig oder interessant geworden?)

III.Gemeindeseelsorge und Selbstsorge

‚Seelsorge und Selbstsorge' ist der Fragebogen überschrieben. 2005 hat der katholische Theologe Hermann Steinkamp eine konzeptionelle Arbeit unter dem programmatischen Titel „Seelsorge als Anstiftung zur Selbstsorge" veröffentlicht. Das ist angelehnt an Michel Foucault und seine Rekonstruktion der antiken Praxis der Freiheit. Das Ziel der Seelsorge sei, Menschen dabei zu unterstützen, Subjekte ihres Lebens zu werden. Und die Grundannahme ist, dass nur zur Selbstsorge anstiften kann, wer Selbstsorge praktiziert. Dabei meint Selbstsorge nicht die narzisstische Fixierung auf das Ego im Sinn unseres Verständnisses von Selbstverwirklichung; gerade nicht die individualistische Existenz, sondern ein Subjekt, das im Wissen um den Menschen als Gemeinschaftswesen ein Selbst entwickeln kann, das in Bezogenheit auf andere lebt. Die Suchbewegung zum Selbst –ich könnte im eingangs skizzierten Duktus auch sagen: die Vergewisserung und Orientierung über Wesen und Bestimmung- ist

gekennzeichnet von der Auseinandersetzung mit Machtstrukturen und Disziplinierungssystemen, durch die das Gewissen geprägt wird und sich dann als Instanz der Selbstbestrafung betätigt (Steinkamp, S.52).
Unter dem Ansatz einer Praxis der Epimeleia, einer ‚Fürsorge' und ‚Pflege', die das Selbst nicht übersieht, wäre an eine Befreiung von Selbstüberforderung zu denken. In Supervisionen begegnet mir der bekannte Satz von Kolleginnen und Kollegen: „Ich würde ja gerne mehr Seelsorge machen, aber wegen der vielen anderen Aufgaben, besonders wegen dieser fürchterlich zeitraubenden Verwaltung komme ich nicht dazu und habe dauernd ein schlechtes Gewissen, wenn ich die Zettel mit Namen aus der Gemeinde auf meinem Schreibtisch sehe." Der Rechtfertigungsdruck wird verstärkt durch Untersuchungen zur Zeiterfassung für einzelne pastorale Tätigkeiten, die besagen, dass Seelsorgegespräche weniger als 5 % der Arbeitszeit ausmachen – ich würde dem widersprechen.
Nachdem lange Zeit zur Gemeindeseelsorge sehr wenig veröffentlicht wurde, ist 2015 ein Buch von Wolfgang Drechsel erschienen, mit der er die Gemeindeseelsorge aus ihrem „Aschenbrödel-Dasein", wie er schreibt, befreien will. Sein Buch ist ein Plädoyer für die Wertschätzung der gemeindlichen Seelsorgepraxis, die alltäglich in außerordentlicher Bandbreite stattfinde. Zwar komme es in der Gemeinde eher selten vor, dass ein Gemeindeglied sich mit Anmeldung und geregeltem Setting im Amtszimmer einfinde, um über tiefgehende Lebensfragen zu sprechen, vielmehr handele es sich um Seelsorge bei Gelegenheit, die aber nicht zu unterschätzen sei, reiche sie doch von der banalen Alltagsunterhaltung über eine augenblickliche beunruhigende Krise bis hin zum Schock über einen plötzlichen Todesfall.
Es ist das Feld vom Hausbesuch über die wichtige Kasualpraxis bis hin zu einer Seelsorge, die in speziellen Gruppenangeboten geschieht. Das kann die Einrichtung einer Trauergruppe sein oder das Angebot zu Begegnungsmöglichkeiten zu speziellen Lebensthemen. Im Sinne diakonischer Seelsorge bieten manche Gemeinden Treffpunkte der Anonymen Alkoholiker an oder installieren im Gemeindehaus Bewerbungstrainings, weil in der Region die Jugendarbeitslosigkeit besonders hoch ist. Wieder andere Gemeinden sind herausgefordert durch die Präsenz zweier Pflegeheime auf dem Gemeindegebiet, während andernorts die Belegung einer Asylbewerberunterkunft Seelsorge im multireligiösen Bereich notwendig macht. Dies sind nur Beispiele, die eine an den aktuellen Bedürfnissen der sich verändernden Lebenswelt orientierten Seelsorgepraxis zeigen und Anregung geben zu einer Gemeindeentwicklung auf seelsorglicher Basis.
Was auf den ersten Blick wiederum allzusehr nach Heraus- oder Überforderung klingen könnte, findet bei Drechsel in theologischer Hinsicht mit Verweis auf die Rechtfertigungslehre Entlastung. Rechtfertigung ist nicht das vom Seelsorgenden erreichbare Ziel der Seelsorge, sondern ihr Ausgangspunkt insofern, als beide – Seelsorgerin und Pastorand- sich als von Gott gerechtfertigt begegnen (Frage 9).
Seelsorge in der Gemeinde geschieht in vielfältiger Form. Es besteht wenig Grund, unter defizitären Vorzeichen auf dieses Handlungsfeld zu blicken. Und zu erschrecken vor der Fülle der Möglichkeiten besteht nur Grund, wenn ich mir zumute, sie in Gänze erfüllen zu wollen. Keine Gemeindepfarrerin, keine Gemeindepfarrer und keine Gemeinde kann dies insgesamt leisten und muss es auch nicht. Ich schließe mich nun

nicht dem Aufruf zur Vernetzung an; da bin ich aus vielfältiger Beobachtung heraus eher skeptisch, was den Entlastungsaspekt anbelangt. „Wir müssen uns besser vernetzen“, hört man, und die Folge sind endlose Sitzungen mit Berichten, Austausch und Terminplanungen. Ich rede von Zusammenarbeit und Arbeitsteilung.
Und ich rede insbesondere von geprägten und manchmal fraglos übernommenen Bildern vom pfarramtlichen und vor allem seelsorglichen Dienst. Oft begegnet mir in selbstverständlicher Weise das Bild des Hirten, was ein stark ambivalentes Bild ist. Hirten müssen wissen, was gut für ihre Herde ist; sie führen sie zu einem guten Ziel. Sie haben die Aufgabe, die Herde zu versorgen; sie sorgen möglichst für jedes einzelne Schaf. Dazu ist es aber auch nötig, ein sehr genaues Auge auf die Herde zu haben. Hirten müssen sich immer in der Nähe der Herde aufhalten, weil sie sich ohne ständige Begleitung zerstreuen könnte. Der Auftrag der Versorgung ist inzwischen eingefügt in eine umfassende Dienstleistungsmentalität nach einem an Zahlen orientierten marktförmigen Prinzip. Beides –umfassende Versorgung und umfassende Präsenz und damit die Erwartung umfassender Erreichbarkeit- kann eigentlich nur dem gelingen, der seine eigenen Grenzen missachtet und überschreitet (Frage 5).
Zu solcher Überschreitung und in der Folge Erschöpfung kommt es immer wieder, was kein seelsorglicher Umgang mit sich selbst ist.

Im Sinne der Fürsorgepflicht reagiert die Kirche als Arbeitgeber auf vielerlei Weise auf die Überlastungsanzeigen. Häufig wird behauptet, die Organisationsleitung schaue dem seelischen Verfall der Pfarrschaft tatenlos zu. Das ist nicht richtig. Ich kenne keine andere Berufsgruppe, in der es möglich ist, alle zehn Jahre eine dreimonatige Auszeit, eine Sabbatzeit zu nehmen. Daneben werden mit verschiedenen Inhalten Pastoralkollegs angeboten. Bei konkreten Problemanzeigen wird ein breites Angebot von Beratungsmöglichkeiten zur Verfügung gestellt.
Vor wenigen Wochen wurde die „Handreichung für die Gestaltung des Pfarrdienstes“ zur Verfügung gestellt. Im Mittelpunkt des Papiers steht die Berechnung von Arbeitszeit für einzelne pfarramtliche Aufgaben. Wenn man vielleicht auch darüber stolpern kann, dass hier weniger Zeit für die Arbeit an der theologischen Existenz vorgesehen ist als für Verwaltungsaufgaben, kann man doch begrüßen, dass auf Problemanzeigen aus dem Kreis der Mitarbeitenden reagiert wird. Und natürlich kann man misstrauisch werden, dass so oft –nämlich achtmal- geschrieben werden muss, dass es sich hierbei nur um Anhaltspunkte und Orientierungswerte handelt und sicher nicht um eine zu erfüllende Norm oder gar um Kontrolle - wo etwas allzu oft betont wird, wächst leicht die Ahnung vom Gegenteil der Behauptung. Aber sollte man wirklich bei der Beurteilung einer Verdachtshermeneutik den Vorrang geben? Als schwierig empfinde ich eher die erlebbare Wirkung, die sich in einem gesteigerten Maß an Selbstkontrolle des Einzelnen zeigt. Wo dieser Effekt einsetzt, wäre das Ziel verfehlt.
Man könnte die Handreichung zunächst einmal sehr ernst nehmen, wo sie sich in ihrer präventiven Absicht gegen Ermüdungs- und Erschöpfungserscheinungen zu erkennen gibt und als Leitlinie ein Zitat von Ulrike Wagner-Rau ins Zentrum stellt: *„Theologie beginnt mit der schmerzlichen Einsicht, dass dem Menschen nichts unbegrenzt zur Verfügung steht: nicht die Lebenszeit und nicht die Lebenskraft. Die Grenzen*

verfügbarer Ressourcen und die Grenzen eigener Möglichkeiten sind in die Menschlichkeit konstitutiv eingeschrieben."
Es wäre eine gute Orientierung auch für die Frage nach dem Umgang mit Grenzen (Frage 4). Hiererleben wir ja die schwierigen Tendenzen, wenn Modebegriffen die Tür zur kirchlichen und pfarramtlichen Wirklichkeit geöffnet wurde. Es geht um etwa um den Begriff der *Resilienz.* Quer durch die Ratgeberliteratur wird die Arbeit an der eigenen Resilienz als Heilmittel dargestellt und so ist dieses Heilmittel nun auch in kirchlichen Arbeitsgruppen und Landeskirchen übergreifenden Projektmaßnahmen angekommen.
Der Begriff stammt schon aus dem 19.Jahrhundert und bezeichnet zunächst die Fähigkeit eines Objekts, nach einer Deformation die ursprüngliche Gestalt zurück zu erlangen. Er wird verwendet für die mentale Fähigkeit, Stress oder widrige Umstände durchzustehen und sich von negativen Auswirkungen ganz schnell wieder zu erholen. In ihrem Aufsatz „Grenzen des Wachstums" entlarvt die Soziologin Stefanie Graefe Resilienz als eine Ideologie, *„mit der das Subjekt vorbereitet wird für das selbstverantwortliche Überleben in spätkapitalistischen Gesellschaften."* (Psychosozial, Nr.143/2016, S.46f) Peter Scherle verortet in einem Aufsatz im Band 7 der Herborner Beiträge die Resilienzthematik völlig nachvollziehbar beim *Mythos von der beständigen Selbstoptimierung.* Denn genau darum geht es, und ich kann es ganz praktisch durch Erfahrung in Einzelgesprächen und Supervisionen belegen, was auch Stefanie Graefe benennt: Es handelt sich bei der *„resilienten Persönlichkeit nicht um eine Ablösung von der Figur vom unternehmerischen Selbst, sondern um deren psycho-biologische Erweiterung."* Es geht im Kern um ein Stabilisierungsprogramm, bei dem die krisenfeste Persönlichkeit keinen Bedarf hat, ein System zu verändern; sie verändert sich selbst. Und im selben Zuge wird es möglich, sagt Graefe, *„soziale Verwerfungen und Verlierer auf unterschiedliche Resilienzausstattungen zurückzuführen und damit zu individualisieren."*
Neben der Kritik an unzulänglichem Willen zur Veränderung organisationaler Rahmenbedingungen kann man sich mit Stefanie Graefe fragen, warum der Wachstumsimperativ so bereitwillig akzeptiert wird, dass es womöglich nur zur inneren Kündigung kommt, nicht aber zum unübersehbaren Protest. Vielleicht wurde im lebenslangen Lernprozess zu sehr in sich aufgesogen, was das Konzept des unternehmerischen Selbst vorgibt zu sein, nämlich eine großartige Erweiterung der Handlungsmöglichkeiten und ebenso eine Unterstützung von Wünschen sozialer Distinktion (Frage 10).

Im seelsorglichen Umgang mit anderen und uns selbst stoßen wir immer wieder auf Lebenskonflikte. Das ist nicht überraschend, weil Konflikte keine in Ausnahme auftretenden Phänomene sind, sondern dem Leben wesenhaft aneignen. Da geht es um Angst und Vertrauen, Schuld und Vergebung, Scham und Annahme; bei Schicksalserfahrungen um Konflikte mit Gottesbildern, um Erfolg und Scheitern, Sinn und Sinnlosigkeit und um Fragen der Identität. Ich greife das letzte Thema heraus, weil aktuell auch in der medialen Öffentlichkeit die Frage der Identität breit behandelt wird. Entgegen der früheren Vorstellung der stetigen Höherentwicklung verstehen wir Identitätsbildung heute als Prozessgeschehen, das auch die Erfahrung von Brüchen und

Fragmentarität einbezieht. Immer wieder in der Biografie taucht die Frage nach der Identität auf, der Wunsch, mit sich selbst eins zu sein, zu wissen um die Merkmale, die für meine Person jeweils wesentlich sind.

In einem guten Verständnis der Selbstsorge nennt Foucault unter Aufnahme der antiken Praxis Aspekte, die Ihnen in der 7.Frage begegnet sind (Frage 7). Diese nun ausdrücklich nicht im Sinn einer individualistischen Selbstoptimierung, sondern als Umgang mit mir selbst, der ich lebe in Gemeinschaft.

Quellen

Drechsel Wolfgang, Gemeindeseelsorge, Leipzig 2015

Ev. Kirche in Hessen und Nassau, Handreichung für die Gestaltung des gemeindlichen Pfarrdienstes, Darmstadt 2016

Graefe Stefanie, Grenzen des Wachstums, Resiliente Subjektivität im Krisenkapitalismus, in: Psychosozial, 39.Jg., Nr.143,2016/1, S.39ff

Herms Eilert, Luther als Seelsorger, in: Erfahrbare Kirche, Tübingen 1990, S.222ff

Nauer Doris, Seelsorge –Sorge um die Seele, Stuttgart 2010

Scherle Peter, Die ausgebrannten Kinder Kains, Herborner Beiträge, Band 7, S.5ff

Steinkamp Hermann, Seelsorge als Anstiftung zur Selbstsorge, Münster 2005

III.Das Selbst in pandemischer Zeit

Was trägt in Zeiten der Unsicherheit?
Ein Interview mit Noadja

Das Interview mit der Prophetin Noadja findet in einem Treffpunkt von Frauen am Osttor der neu erbauten Jerusalemer Schutzmauer statt und gibt Denkanstöße zur Frage, was denn trägt, wenn der Boden brüchig ist. Trotz heftiger Konflikte, großer Unsicherheiten und bedrohlicher Nachstellungen wirkt Noadja unaufgeregt und zugewandt. Das Gefühl einer guten Begegnung stellt sich sogleich ein, passend zum Namen der Prophetin, der so viel bedeutet wie: zusammenkommen, sich begegnen.

Noadja, seit längerer Zeit schon hast du dir den Zorn des Statthalters Nehemia zugezogen. Dabei geht es euch beiden doch um ein gutes Leben im Land. Was steht einem guten Leben aus deiner Sicht am meisten im Wege?
Das größte Problem ist der fürchterliche Alltag, in dem die Leute aus den unteren Schichten leben müssen. Da kann von einem ‚guten Leben' keine Rede sein, wenn man sich das Getreide nicht mehr leisten kann und dafür seine Kinder verpfänden muss. Andere sind gezwungen, Kredite zu ungerechten Bedingungen aufzunehmen, um ihre Äcker, von denen sie leben zu erhalten, oder ihre Häuser und Weinberge. Sehr viele Menschen leben völlig schutzlos und das macht natürlich total unsicher. Sie können nicht planen, leben von Tag zu Tag und wissen nicht, was morgen sein wird. Diese Unsicherheit lässt viele verzweifeln.
Der Statthalter ist verantwortlich für den Wiederaufbau und sagt, dass in diesen Zeiten Unsicherheit ganz normal ist und jeder Opfer bringen muss, wenn am Ende Auskommen und Wohlstand für alle erreicht werden soll.
Mit diesen Reden tut er so, als ob gerade alle in einem Boot sitzen. So ist es aber nicht. Während nach der Rückkehr aus dem Exil manche sehr schnell wieder zu Einfluss und Reichtum gekommen sind, ächzen andere unter der immer größer werdenden Last der Abgaben und Steuern. Und wenn immer mehr Menschen in der Schuldenfalle stecken, wird auch Nehemia mit seinen verbalen Beruhigungspillen scheitern.
Aber letztlich geht es doch um die Frage, was in Zeiten großer Verunsicherung ein tragender Grund sein kann. Kannst du uns den Konflikt erklären?Nehemia hat mit Kompromissen dem persischen König ein Stück Autonomie für unsere Region abgerungen. Aber das schafft die Abhängigkeit vom Königshof nicht aus der Welt und auch nicht das Elend großer Teile der Bevölkerung. Ich habe es ja schon gesagt: Zu viele Kleinbäuerinnen und Kleinbauern leiden unter den persischen Tributforderungen und müssen die Kette von Hunger, Verschuldung und Verkauf in die Sklaverei fürchten, während der Grundbesitz sich zunehmend in den Händen weniger Leute befindet. Und diese Not wird noch genutzt, um Aggression gegen Schwächere zu schüren wie zum Beispiel gegen Fremde. Nehemia setzt auf die völlig falschen Karten, was die Frage nach dem tragenden Grund für das Leben angeht.
Kannst du das konkreter sagen? Was ist für ihn tragender Grund, den du ablehnst?
Sicherheit ist für ihn etwas, das trägt. Nehemia glaubt an Sicherheit durch eine große Mauer rund um die Stadt mit hohen Überwachungstürmen und festen Toren und sieht nicht, dass diese Mauer Abschottung mit sich bringt und Einengung, wo tolerante

Offenheit für das Zusammenleben mit Nachbarn so nötig wäre. Er setzt auf Waffengewalt zur Verteidigung, wo vertrauensbildende Maßnahmen angesagt wären. Jeder Mitarbeiter am Mauerbau hat in der einen Hand die Kelle, in der anderen das Schwert. Nehemia propagiert die Reinheit des Volkes und verbietet Mischehen. Und seine Fremdenfeindlichkeit paart sich mit oft geäußerter Frauenfeindlichkeit und zementierter Geschlechterordnung. Dazu beruft er sich auf Traditionen, die starr als letztgültige Wahrheiten daherkommen und nicht mit Leben gefüllt sind.

Was stört dich an der letztgültigen Wahrheit, die sich auf Tradition stützt, was Sicherheit geben könnte?

Wer die Wahrheit besitzt, ist selten ein guter Gesprächspartner in gemeinsamer Urteilsbildung oder im Austausch der Meinungen.

Noch mal zu den Traditionen. Sind sie nicht wichtig bei der Frage, was trägt? Auch du knüpfst an Traditionen an. Wie beschreibst du den Unterschied?

Es gibt ja den schönen Satz, dass Tradition nicht die Anbetung der Asche ist, sondern die Weitergabe des Feuers. Nehemia und seine Leute beten die Asche an. Sie schmücken die Prophetengräber andächtig mit Kränzen, statt die Botschaft der Propheten heute zur Geltung zu bringen. Mich trägt die Tradition der Prophetinnen und Propheten, die im Namen Gottes gegen Gewalt und Korruption aufgestanden sind, ihre Stimme den Geringen geliehen haben und aufrecht standen gegen Betrug und Lüge.

Klingt eher nach Herausforderung als nach Beruhigung für die Seele.

Ich suche nicht nach Antwort auf die individuelle Frage nach persönlichem Wohlergehen oder Seelenheil. Mein Interesse gilt den allgemeinen Lebensmöglichkeiten. Mich trägt die Überzeugung, dass ich auf der Welt bin, um daran mitzuwirken, dass Gottes Willen immer mehr Raum gewinnt: Gerechtigkeit und Frieden, Gewaltlosigkeit und gute Beziehungen zwischen den Menschen. Mich trägt die Erinnerung an die Geschichte all derer, die mit Gott befreiende Erfahrungen gemacht und darauf ihr Leben gegründet haben. Diese Erinnerung macht mir deutlich, dass mein Leben eingebettet ist in einen großen Zusammenhang, den wir die Mitwirkung an der kommenden Welt nennen. Das trägt mich.

Nun seid ihr aber nicht sehr weit gekommen. Eher scheint es, dass Nehemia und seine Oberen es geschafft haben, euch zurückzudrängen und eure kritische Stimme zum Schweigen zu bringen. Es ist kein Platz für Träumer, sagt er. Und wer Visionen hat, soll zum Arzt gehen. Ihr geltet als Spinner und vor allem als gefährliche Aufwieglerinnen.

Ja, sie haben uns zur Zeit aus der öffentlichen Diskussion verdrängt. Aber zum Schweigen bringen sie uns nicht. Träume von einer gerechteren Ordnung und die Vision von einem Regiment nach Gottes Weisung lassen sich nicht verbieten. Misserfolg oder Scheitern entmutigt mich nicht. Aber die Gewissheit über den Grund meines Lebens und meine Bestimmung im Leben trägt in unsicherer Zeit wie dieser.

Das Interview ist orientiert an: Klara Butting, Prophetinnen gefragt, Wittingen 2001

Angst – schlechter Ratgeber oder unverzichtbares Warnsignal?
(Vortrag bei Fortbildung von Notfallseelsorger*innen und Schulungen in der Corona-Krise)

I.Ein Blick auf eigene Erfahrung
In Ausnahmesituationen wie akuten Notfällen oder wie derzeit in pandemischer Bedrohung werden Gefahren konkret sichtbar und treten Ängste deutlich hervor. Menschen schauen gebannt auf die medial aufbereiteten Kurven in TV-Sendungen und fürchten Ansteckungsgefahr. Andere hoffen angstvoll auf die baldige Entwicklung eines Impfstoffs. Wieder andere haben Angst vor der Situation, einem erkrankten Familienmitglied wegen Zugangsbeschränkungen nicht beistehen zu können. Ängste vor Arbeitsplatzverlust und Zahlungsunfähigkeit bestehen ebenso wie die Angst vor zunehmender Vereinsamung.

Wie verstehen wir Angst? Ist sie ein schlechter Ratgeber, wie der Volksmund sagt? Oder ist sie ein wichtiges Alarmsignal, ohne das wir nicht leben können. Wahrscheinlich hat sie etwas von beidem, aber wie genau verhält es sich mit der Angst? Dass sie zu unserem Leben gehört, ist eine Tatsache. Wenn wir unser alltägliches Verhalten, unsre Reaktionen in Konflikten, unsere partnerschaftlichen Verwicklungen verstehen wollen, werden wir auf der Suche nach Lösungen immer wieder unserer Angst begegnen. Wie mit ihr umgegangen wird, ist eine Frage, der wir nachgehen. Zuvor aber muss der Versuch unternommen werden zu verstehen, was Angst eigentlich ist, woher sie kommt, wie sie wirkt, in welchen Formen sie auftritt.

Wenn ich an meine eigene Angst denk, ist mir folgende Szene vor Augen: *Als Kleinkind wurde ich von meiner Mutter früh am Morgen in den Kindergarten gebracht, weil meine Eltern beide berufstätig waren. Ich erinnere verregnete, kalte Wintermonate. Wir stehen alltäglich im überfüllten Bus von A. nach B im Gedränge der Fahrgäste. Dann stellt mich meine Mutter vor der Kindergartentür ab, die noch verschlossen ist. Der Kindergarten ist noch nicht geöffnet, es ist noch niemand da, aber meine Mutter muss eben früh zur Arbeit. Es ist stockdunkel und die Gassen in der Innenstadt sind gefährlich. Unweit des Kindergartens ist ein Kiosk, an dem zur frühen Morgenstunde schon finstere Gestalten stehen. Die müssen nicht zur Arbeit. Streunende Hunde schleichen sich in Sichtweite herum. Ich habe Angst.* Diese Szene bildet sozusagen die Grundlage für meine Angsterfahrung, und sie bildet sich in den kommenden Erfahrungen ab. Da ist die Angst vor Einsamkeit, wenn ich mich etwa in der Schule nach einer schlechten Note völlig allein gefühlt habe. Da ist die Angst vor Bedrohung, wenn mir etwa ein älterer Junge im Dorf den Weg versperrt und mich herausfordernd ansieht. Da ist die Angst vor manchen Tieren, wenn mir etwa beim Spielen im Feld ein Hund nachgejagt ist.
Als Seelsorger in akuten Notfällen bin ich häufig mit Situationen konfrontiert, die Angst machen können: Anblicke von verunglückten Menschen, Gefühle von Überforderung bei der Begegnung mit schockierten Personen, bedrohliche Momente bei Kontrollverlust meines Gegenübers. Aber ich spüre diese Angst ganz selten. Irgend-wann einmal in meiner Jugend, nach unzähligen schlaflosen Nächten vor Angst, muss ich irgendwie beschlossen haben, die Angst wegzuschieben.

Bekömmlich ist dies aber nicht in jedem Fall. Und es scheint nicht nur mir alleine so zu gehen. Dass Bedrohung nicht realisiert wird oder realisiert werden darf, scheint gesellschaftliches Phänomen zu sein. Durch die Art und Weise zu leben, durch ungebremsten technischen Fortschritt, durch die Vergötterung der Geschwindigkeit, durch Gewinnstreben als höchste Maxime bis hin zum Klimawandel mit Eisschmelze in der Arktis und Dürresommern in Europa ist das Leben permanenten Gefahren ausgesetzt.

Ein Beispiel nur:

Wenn es nicht gesellschaftlicher Konsens wäre, dass in fast allen Lebensbereichen die Beschleunigung als wünschenswertes Ziel gilt, gäbe es längst effektive Sicherheitsvorkehrungen und Geschwindigkeitsbegrenzungen im Straßenverkehr. Der Schweizer Lamburghini-Club bewegt sich mit seinen 360-PS-Fahrzeugen auf deutschen Autobahnen, und ein Clubmitglied sagt im Interview: „Leider Gottes können wir nur hier unsere Motoren ausfahren, weil es in Deutschland die wenigsten Geschwindigkeitsbegrenzungen gibt.“

Der Umgang mit Angst und Gefahr zeigt sich in modernen Gesellschaften in vier Varianten, wie der englische Soziologe Anthony Giddens herausgefunden hat:

- Die Haltung *der pragmatischen Hinnahm*e geht davon aus, dass die Gefahren der Preis der Modernisierung sind, und stumpft ab gegenüber Bildern, die die Gefahr in Erinnerung rufen.
- Der *durchgehaltene Optimismus* ist eine Art von Fortschrittsvertrauen, das darauf setzt, dass bisher ja alles gut gegangen ist. Damit paart sich eine individuelle Verdrängungsleistung, mit der man sich vormacht, einem selbst könne nichts passieren. Wenn etwas passiert, dann passiert es anderen, die eben unachtsam oder dumm waren.
- Der *zynische Pessimismus* spürt die Gefahr, nimmt ihr aber die Spitze und macht die Situation halbwegs erträglich durch dunklen Humor.
- Das *radikale Engagement*, bei dem man nicht gelähmt auf die Gefahr starrt, sondern engagiert Widerstand leistet in Aktionsgruppen und Initiativen. Gefahr starrt, sondern engagiert Widerstand leistet in Aktionsgruppen und Initiativen.

II.Hintergründe zum näheren Verständnis

Werfen wir nun einen konzentrierten Blick auf die psychologischen Hintergründe der Angst.

Ein Geräusch und der Körper ist alarmbereit. Angst hat eine Signalfunktion und gehört zum Leben. Sie ist wichtig für uns Menschen, damit wir Gefahren erkennen und adäquat reagieren können. Dabei kann es sich um Gefahren handeln, die sich im Lebensumfeld eines Menschen finden, also in der Natur vorkommen oder von Mitmenschen ausgehen. Diese Gefahren einschätzen und sich womöglich schützen zu können, ist ein wichtiger Lernprozess.

Daneben gibt es innerpsychische Gefahrenquellen. Zum Beispiel lernen Menschen in ihrer Entwicklung, dass bestimmte Verhaltensweisen sozial unerwünscht sind und negative Konsequenzen in Beziehungen oder im sozialen Umfeld haben können. Auch hier hat die Angst eine Signalfunktion, denn sie weist darauf hin, dass das Ausleben bestimmter Wünsche und Impulse negative soziale Konsequenzen haben

kann. Die Angst hilft hier bei der Orientierung im sozialen Zusammenleben. Angst entsteht auch, wenn verschiedene innere Strebungen miteinander in Konflikt geraten wie zum Beispiel der Wunsch nach Beziehung und der Wunsch nach Unabhängigkeit. Wenn es nicht gelingt, für beides Raum zu schaffen, sorgt dies für ein Dilemma, sich entscheiden zu müssen zwischen einem Gefühl großer Enge und einem Gefühl von Verlassenheit. Und dies macht Angst.
So gibt es also neben den Ängsten, die mit konkreten Gefährdungen durch Naturereignisse oder andere Menschen verbunden sind, die sogenannten neurotischen Ängste, die Symptomcharakter haben. Diese Ängste sind Ausdruck innerer unbewusster Konflikte oder Spannungen und verweisen nicht auf eine konkrete äußere Gefährdung, sondern auf eine psychische Konfliktsituation.

Angst ist eine biologisch verankerte Emotion, die auf körperlicher Ebene dazu dient, den Organismus auf Verteidigungsmaßnahmen wie Kampf oder Flucht vorzubereiten. Entsprechend sind mit Angst auch körperliche Reaktionen verbunden wie
- Herzklopfen
- Atemnot mit Beklemmung der Brust
- Zittern, bei dem nach und nach alle Muskeln in Bewegung gesetzt werden, um sich von dem Druck auf der Brust zu befreien.
- Gefühl von Enge (Angst vom Lat. angustiae = Enge).
- Kurze, schnelle Atemzüge, um Luft zu schöpfen.
- Blässe
- Entleerung von Blase und Darm.

Diese Symptome treten unabhängig davon auf, ob es sich um eine Angst aufgrund äußerer Gefahren oder aufgrund innerer Konflikte handelt. Sie sind Ausdruck des Erlebens von Gefahr, und es ist von daher zunächst nötig, genauer zu schauen, um welche Art von Gefahr es sich handelt.
Schwierig wird es, wenn man sich die Angst nicht erklären kann, da sich bei genauerer Überprüfung keine Gefahr erkennen lässt. Dies ist z.B. dann der Fall, wenn die in einer schwierigen Situation wie zum Beispiel einer Prüfung erlebte Angst sehr intensiv wird und dem konkreten Anlass nicht mehr entspricht. In solchen Fällen kann es sich um eine neurotische Angst handeln, die weniger mit einer äußeren Gefahr verbunden ist, sondern auf innere Konflikte verweist. Die äußere Situation ist zwar der Auslöser, die erlebte Angst steht jedoch in keinem angemessenen Verhältnis. Solche Ängste werden zum Problem, da sie oft zu Vermeidungsverhalten führen und das Leben sehr behindern. Um dieser Art Ängsten auf den Grund zu gehen, ist es sinnvoll, im Rahmen einer psychologischen Beratung oder Therapie zu schauen, wofür diese Ängste stehen könnten und worauf sie aufmerksam machen möchten.

Aber auch Ängste, die sehr wohl auf Gefahren im äußeren Umfeld verweisen, sind nicht immer deutlich zuzuordnen, so dass sie in ihrer Signalfunktion nicht angemessen wahrgenommen werden. Denn im gewohnten gesellschaftlichen Leben gerät der konstruktive Umgang mit Ängsten eher ins Abseits; ich habe es bereits angesprochen.

III.Umgang mit Angst und mit Menschen in Angst

Die folgenden Anregungen leiten sich aus dem theoretischen Verständnis ab:

- In der Begleitung von Menschen in Angst spielt der Zeitfaktor eine große Rolle in dem Sinn, dass es wichtig ist, sich ausreichend Zeit zu nehmen, damit eine Vertrauensbasis entstehen und der Mitteilung von Ängsten überhaupt Raum gegeben werden kann. Aus eigener Erfahrung ist bekannt, wie entlastend es ist, eine Angst „beim Namen zu nennen".
- Die Angst hat ihre Berechtigung und es sollte bei Betroffenen nicht das Gefühl entstehen, dass sie völlig übertreiben und sich möglichst schnell in einen „normalen" Zustand zurückversetzen müssten.
- In einem weiteren Schritt ist es wichtig zu schauen, worauf sich die Angst bezieht und auf welche Gefahr sie verweist. Entspricht das Angstgefühl der wahrgenommenen Gefahr? Bedarf es unter Umständen genauerer Informationen, um das Ausmaß der Gefahr einschätzen zu können?
- Seelsorgende, die in bestimmten Techniken geübt sind (z.B. Externalisierung), können diese natürlich auch hier anbieten (es kann hilfreich sein, Angst konkret als verkörpertes Objekt anschauen zu können, ihr einen Platz im Raum geben zu können, Nähe und Distanz auszuloten, in Kommunikation zu treten).
- Oft lohnt die Frage, wie ein Mensch in anderen Situationen mit Angst umgegangen ist. Was war hilfreich? Gibt es die Erinnerung an eine Ressource, die aktuell hilfreich sein könnte?
- Wo Menschen einen religiösen Zugang zeigen (aber nicht nur hier), kann ein Gebet helfen, in dem die Angst benannt und vor Gott ausgesprochen wird. (denken Sie auch an Psalmen).
- Wo große Angst zu Panikanfällen führt, geht es zunächst darum, die Situation einigermaßen zu „halten" (oft konkret körperlich, was freilich in Zeiten von Ansteckungsgefahr, die vielleicht sogar realer Angstauslöser ist, nicht möglich ist) und für Beruhigung zu sorgen.
- Wo Menschen Angst vor einer real drohenden Gefahr äußern („was wird sein, wenn ich…?"), sollte nicht verharmlosend oder allzu beruhigend reagiert werden. Sinnvoller ist eine informative und vorbereitende Haltung. Alles, was eine innere Einstellung auf eine drohende Gefahr ermöglicht, dient ihrer antizipatorischen Bewältigung.
- Über die aktuelle Begegnung hinaus Kontakt anzubieten (möglicherweise telefonische Erreichbarkeit), gibt dem Gegenüber ein Gefühl von Sicherheit (dies empfiehlt sich aber nur, wenn das Gegenüber nicht den Eindruck erweckt, grundsätzlich grenzüberschreitend zu agieren).
- Nicht selten hilft die Empfehlung, Kontakt mit einer Psychologischen Beratungsstelle in der Umgebung aufzunehmen. Die Adressen der regionalen Beratungsstellen der EKHN finden sich auf der homepage des Zentrums Seelsorge und Beratung (www.zsb-ekhn.de).
- Wichtig ist in der Begegnung mit Menschen in großer Angst, eigene Ängste wahrzunehmen. Wenn im Gespräch bei mir selbst eine Angst auftaucht, erhalte

ich möglicherweise einen Hinweis darauf, dass gerade etwas existenziell Bedrohliches vorgeht, was aber noch nicht angesprochen ist (z.B. eine aktuelle Suizidneigung beim Gegenüber).

Abschließend sei nun unterstrichen, dass Angst zunächst einmal eine sinnvolle emotionale und körperliche Reaktion auf eine gefürchtete Gefahr darstellt. Somit ist es wichtig und berechtigt, keine Angst vor der Angst zu haben.
Untersuchungen, die der Fähigkeit zur Angstwahrnehmung eine besondere Rolle für die Bewältigung von Stresssituationen zumessen, haben gezeigt, dass Kandidatinnen und Kandidaten vor schwierigen Anforderungen am besten abschnitten, die rechtzeitig vor einem gefürchteten Ereignis einen ausreichenden Angstpegel entwickelten, der sich dann mit zunehmender zeitliche Nähe zum Ereignis verringerte. Jene hingegen, die zunächst überhaupt keine Angst hatten und dann erst im Moment des Ereignisses Angst entwickelten, waren deutlich unterlegen.
Angst - ein schlechter Ratgeber oder unverzichtbares Warnsignal? Ich hoffe, diese Frage lässt sich nun etwas besser barbeiten.

Quellen

Ebrecht-Laermann Angelika, Angst, Gießen 2014
Giddens Anthony, Die Konstitution der Gesellschaft, Frankfurt 1988
Klessmann Michael, Seelsorge, Neukirchen 2008, S.226ff (!)
Richter Horst-Eberhard, Umgang mit Angst, Hamburg 1992
Riemann Fritz, Grundformen der Angst, München 1999

So ein Ärger – Aggression verstehen und damit umgehen
(Impulsreferat bei Fortbildung für ehrenamtlich Mitarbeitende in der Seelsorge im Mai 2019)

I.Persönlicher Zugang

In Krisenzeiten treten Aggressionen verstärkt hervor. Wir verstehen Aggression als ein biologisch fundiertes Verhaltensmuster zur Gewinnung und / oder Verteidigung von Ressourcen sowie zur Bewältigung gefährlicher Situationen.
Als ersten Zugang zum Thema möchte ich einen persönlichen Weg wählen:
Erinnern Sie bitte eine Situation, in der Ihnen Aggression begegnet ist.
-Wie haben Sie sich in der Situation gefühlt?
-Was haben Sie in der Situation gedacht?
-Was haben Sie in der Situation gesagt / getan? (und was hätten Sie gern gesagt / getan?)
Nähern Sie sich diesen Fragen bitte nur für sich. Keine Sorge: Die Ergebnisse werden anschließend nicht veröffentlicht.

II.Hintergründe, die verstehen helfen

Der lateinische Begriff *aggredi* kann „heranschreiten" oder „sich nähern" bedeuten wie auch „angreifen" oder „überfallen". In unserem Sprachgebrauch wird ‚Aggression' meist negativ gewertet und mit Gefühlen wie Ärger, Wut oder Feindseligkeit und Zerstörung gleichgesetzt. Die verschiedenen Bedeutungen des Wortes zeigen jedoch, dass dies eine zu einseitige Sicht ist. Aggression als biologisch fundiertes Verhaltensmuster hat verschiedene Funktion; sie tritt auf, um etwas zu bekommen und sie tritt auf mit dem Antrieb, das eigene Leben zu schützen.

Zu Ursachen und Entstehen von Aggression gibt es nun verschiedene Theorien.
Die *Triebtheorie* besagt, dass es in Lebewesen einen angelegten Aggressionstrieb gibt. Im Tierreich nützt dieser Trieb beim Wettbewerb um Ressourcen. Es geht um die Verteidigung des eigenen Territoriums, um die Rivalität um Fortpflanzungspartner/innen, um Nahrung. Es geht um die Bildung von Rangordnung und Arterhaltung.
Die *Frustrationstheorie* weist darauf hin, dass es ein zugrundeliegendes Gefühl geben muss, dass zu dem Versuch führt, die Quelle des negativen Gefühls zu zerstören.
Daran hängt die *Reaktionshypothese*, die besagt, Aggression sei eine Reaktion auf einen Reiz wie Furcht, Schmerz oder eben Frustration – es wird etwas versagt, was erstrebt wird, worauf der Strebende mit erhöhter Aggressionsneigung reagiert.

Aggression kann sich in unterschiedlichen Formen zeigen.
Es gibt die *offene, körperliche Form*, die sich gegen andere Lebewesen als Schlagen oder körperliche Bedrohung zeigt, aber auch als Aggression gegen sich selbst in der Form der Selbstverletzung.
Es gibt die *offene, körperliche Form gegenüber Objekten*; etwa in Verunreinigung oder Vernachlässigung oder Sachbeschädigung.
Es gibt die *offene, verbale oder nonverbale Form* als Beleidigung oder Spotten oder Anschreien oder in Gesten.

Es gibt die *verdeckte Form*; etwa in der Phantasie, wo z.B. ausgemalt wird, einem anderen die Gurgel rumzudrehen.
Es gibt die *indirekte Form* wie etwa bei der üblen Nachrede, bei Schikanen oder Mobbing.

Schließlich kann Aggression auch verschiedene Motive haben.
Bei der *Vergeltungs-Aggression* geht es darum, einen Widersacher zu bestrafen, um das verletzte Gerechtigkeitsempfinden oder Selbstwertgefühl wiederherzustellen.
Bei der *Abwehr-Aggression* soll eine Bedrohung oder Belästigung abgewendet werden.
Die *Erlangungs-Aggression* dient dazu, sich einen Nutzen zu verschaffen. Dabei kann es um einen materiellen Vorteil, aber auch um soziale Aufmerksamkeit oder Anerkennung gehen.
Schließlich gibt es aggressives Verhalten, bei dem die Befriedigung direkt aus dem aggressiven Akt gezogen wird, wo das Erleben der eigenen Destruktivität oder Überlegenheit befriedigt, wo die Aggression eine Möglichkeit darstellt, sadistische Impulse auszuleben (*Lust-Aggression*).

Welche Ziele werden nun durch aggressives Verhalten verfolgt?
Grundsätzlich kann man sagen, dass das Ziel der Aggression darin besteht, ein Hindernis zu beseitigen. Etwas genauer lassen sich vier typische Aggressionsziele bestimmen:
-das Durchsetzen eigener Wünsche und Interessen, die mit dem Wunsch anderer in Konflikt stehen.
-Beachtung durch die soziale Umwelt zu finden (Rangordnung).
-Reaktion auf Aggression anderer (Abwehr, Notwehr).
-Vergeltung erlittener Aggressionsakte (Rache).

Vermutlich haben sich nun beim Zuhören vor dem inneren Auge Szenen eigener Erfahrung abgespielt. Möglicherweise haben Sie die Situation, die Ihnen anfangs eingefallen ist, als ich Sie um Erinnerung bat, noch einmal auf dem Hintergrund meiner Rede reflektiert. Wahrscheinlich kennen Sie auch das Gefühl, wenn es innerlich zu brodeln anfängt. Meist verfügen Menschen über eine angemessene Aggressionskontrolle, die verhindert, bei jedem Reiz, bei jeder Störung stark aggressiv oder gar gewalttätig zu reagieren. Diese Aggressionskontrolle kann aber durch verschiedene Faktoren herabgesetzt werden.
Dies sind zum einen *krankheitsbedingte* Faktoren (z.B. Schädel-Hirn-Traumata / Erkrankungen wie Parkinson oder Alzheimer / Suchterkrankungen / Psychosen).
Zum anderen können dies *psychische* Faktoren sein (z.B. erhöhter Stress / wahrgenommene Bedrohung / geringe Aufmerksamkeit / Gefühl von Hilflosigkeit).
Auch *interaktionsbedingte* Faktoren sind vorstellbar (z.B. Verhalten von Pflegekräften oder sonstigen Personen, zu denen ein Abhängigkeitsverhältnis besteht und das Verhalten geprägt ist von Zurückweisung, nicht zuhören, fehlende Information, Setzen zu enger Grenzen, Vernachlässigung...).

Schließlich sind *situations- und umgebungsbedingte* Faktoren zu nennen (z.B. schwierige Rahmenbedingungen für die Ausübung von Tätigkeiten / Hektik / hoher Lärmpegel / Personalmangel / fehlende Rückzugsmöglichkeit...).

III. Umgang mit aggressiven Äußerungen

Selten sind *wir* als Person Ursache und Ziel der Aggression des Gegenübers. Die Patientin im Krankenhaus, die im Gespräch einen Streit über die Asylpolitik der Bundesregierung anzettelt oder sich abfällig über das Pflegepersonal auslässt und mit beidem womöglich den Seelsorger in eine Rechtfertigungshaltung bringt und daraus ein Konflikt entsteht, diese Patientin begegnet vielleicht in aggressiver Haltung ihrer Angst vor der anstehenden Operation. Die Aggression des Sohnes eines Verstorbenen, der im Trauergespräch die Seelsorgerin mit heftigen Vorwürfen traktiert als sei sie verantwortlich für beschränkende Auflagen bei Bestattungen in Pandemiezeiten, gilt wohl eher seiner Hilflosigkeit im Umgang mit der Trauersituation als der Pfarrerin.

Diese Einsicht sollte nicht die Prüfung des eigenen Verhaltens vermeiden, hilft aber nach erfolgter Selbstkontrolle im Umgang mit aggressiven Angriffen.
Folgende Möglichkeiten können in den Blick rücken:

- Zunächst einmal kann die Aggression als Information aufgefasst werden. Das Gegenüber gibt etwas von sich zu erkennen und macht in seinen Möglichkeiten ein kommunikatives Angebot. Je nach Situation können Fragen, die aus der Arbeit in systemischer Haltung und Methode bekannt sind, helfen. Ich denke etwa an die Anregung eines Perspektivwechsels durch zirkuläres Fragen oder an die bekannten W-Fragen zur Konstellation des empfundenen Problems.[1]
- Bewusstsein für die eigene Rolle (die Aggression gilt in der Regel nicht mir!).
- Im eigenen Kommunikationsverhalten empathisch und wertschätzend sein (natürlich bestehen Ausnahmen, wo durch heftige, nicht nachlassende Angriffe des Gegenübers Grenzsetzung angezeigt ist).
- Selbstkontrolle und Sicherheit beim Gegenüber unterstützen (sorgfältige Auftragsklärung / Nähe-Distanz-Klärung / evtl. vor eigener Aktion Erlaubnis erfragen / evtl. Wahlmöglichkeiten einräumen).
- Körperlichen Ausdruck des Gegenübers wahrnehmen und ggf. ansprechen (evtl. hilfreich in Situationen, in denen Aggression spürbar, aber nicht geäußert ist).

Quellen

Stavros Mentzos, Neurotische Konfliktverarbeitung, Frankfurt 2005
Marshall B. Rosenberg, Das können wir klären, Paderborn 2004
Marshall B. Rosenberg, Gewaltfreie Kommunikation, Paderborn 2010

1)W-Fragen: Fragen nach dem Wie? / Wer? / Wann? –weniger nach dem Warum

Wenn medizinische Hilfe knapp wird
– Triage als Entscheidung über Leben und Tod
(2021 -bislang unveröffentlicht)

Triage heißt übersetzt ‚Auswahl' oder ‚Sortierung' und bezeichnet ein Verfahren zur Priorisierung medizinischer Hilfeleistungen bei unzureichenden materiellen und zeitlichen Ressourcen. Und genau davor hat man Panik, wenn sich die Intensivstationen füllen und Beatmungsgeräte knapp werden. Wer soll bevorzugt Sauerstoff erhalten? Wer zuerst kommt, malt zuerst? Wer jung ist und sein Leben noch vor sich hat, sollte gegenüber dem Alten Vorrang erhalten? Aber wer weiß, wer sein Leben vor sich hat, wie lange wer zu leben hat und wer sein Leben gelebt hat? Triage ist bekannt aus der Militärmedizin, wo beim Massenanfall von Verletzten die überlebensfähigen Verwundeten in erster Linie zu versorgen sind. Wo auch immer sie zum Zuge kommen muss –Triage hinterlässt Schuldgefühle und womöglich posttraumatische Belastungsstörung, weil zu entscheiden ist über Leben und Tod, wo jede Entscheidung unerträgliche Zumutung ist.
Reichen nämlich die Mittel nicht aus, befindet sich das medizinische Personal in einem Dilemma, ist es doch einerseits die rechtliche und berufsethische Pflicht jeder Ärztin und jedes Arztes, schwer kranke Menschen intensivmedizinisch zu behandeln und andererseits der bestehenden Pflicht einer Entscheidung nachzukommen, wo Hilfsmittel und Zeit knapp sind. Rechtlich kann der Arzt nach eigenem Wissen und Urteilen frei entscheiden. Ethisch betrachtet muss ein Procedere gewählt werden, bei dem möglichst viele Menschen gerettet werden können und zwar ungeachtet von Alter, Geschlecht, Herkunft, Status oder Verdienst. Die Alternative wäre ein Losverfahren, das potenziell allen Bedürftigen die gleiche Chance auf erfolgreiche Behandlung gewährt.
Einige Verfahrens- und Entscheidungshilfen stehen Ärztinnen und Ärzten neben fachlicher Kompetenz und möglichst großer Erfahrung zur Verfügung. Sie orientieren sich sicher an der klassischen Triage-Regel, die gebietet, Ressourcen so einzubringen, dass möglichst viele Menschenleben erhalten werden.
„Das Vorgehen der Triage geht von einer Einteilung in vier Gruppen aus: Vorrangig behandelt werden schwer betroffene Patienten, die ohne die Behandlung sicher oder sehr wahrscheinlich nicht überleben, bei Behandlung jedoch eine gute Prognose haben. Zweitens wird die Gruppe behandelt, deren Chance, die Erkrankung zu überleben, auch ohne Behandlung nicht unerheblich ist, aber bei Behandlung noch deutlich steigen würde. Eine dritte Gruppe wird nicht behandelt: Hier handelt es sich um leicht betroffene Patienten, die auch ohne Behandlung eine gute Prognose haben. Eine vierte Gruppe wird bis zur Entspannung der Lage ebenfalls nicht beziehungsweise lediglich palliativ behandelt: schwer betroffene Patienten, die auch bei Behandlung eine schlechte Prognose hätten" (Bobbert Monika, Universität Münster). Die „Deutsche interdisziplinäre Vereinigung für Intensiv- und Notfallmedizin" (DIVI) hat Triage-Empfehlungen mit Hilfen zur Beurteilung von Prognosen veröffentlicht, die zu würdigen sind, jedoch ihr Defizit darin haben, dass sie sich an scoresystem und Gebrechlichkeitsskala orientieren, die aus ethischer Sicht als Beurteilungssysteme zumindest fragwürdig sind.

Das Mehr-Augen-Prinzip und der Austausch im Team können helfen und Entlastung des Einzelnen schaffen. Trotz allem aber bleibt das Dilemma. Wo Entscheidung gefordert ist, besteht auch die Möglichkeit der Fehlentscheidung. Und derjenige, der in seinem Handeln die Würde des Anderen zu beachten trachtet, wird es sich mit seiner Entscheidung nicht leicht machen. Wer entscheidet, trägt Verantwortung.

Mit dem Grundgesetz der Bundesrepublik Deutschland folgt er einer Logik, nach der die Antastung oder Preisgabe der Menschenwürde verboten ist. „Die Würde des Menschen ist unantastbar." (Art.1, Abs.1) Leben darf nicht gegen Leben verrechnet werden. Jedes Menschenleben ist gleich wertvoll und kann nicht einer verrechnenden Bewertung unterzogen werden, sei auch das Ziel, wie etwa die Rettung anderen Lebens, noch so achtenswert. Diese Sicht gründet im jüdisch- christlichen Verständnis, nach dem der Mensch als nach dem Bild Gottes geschaffen, gleiches Recht und gleiche Würde besitzt.
Der Schriftsteller und Jurist Bernhard Schlink bringt im Zusammenhang mit der Problematik der Auswahl den Opferbegriff ins Spiel. Dabei betont er, dass im Falle der Erfordernis eines Opfers die Würde des Betreffenden unangetastet bleibt, wenn das Opfer ohne Ansehen der Person geschieht. Das Opfer muss in der entsprechenden Situation jeden treffen können; die Abwägung der Würde des einen gegen die Würde eines anderen verbiete sich. Gerechtfertigt sei das Opfer nach der Maßgabe der Gleichheit und allein nach dieser Maßgabe sei ein solidarischer Konsens zu erzielen.
Was würde diese Sichtweise für eine notwendige Triage im Fall der Pandemie bedeuten?
Wo medizinische Hilfeleistung knapp wird, weil die Anzahl der Hilfebedürftigen die zur Verfügung stehenden Ressourcen übersteigt, darf die Entscheidung nicht nach Ansehen der Person fallen. Damit entfallen als Kriterien potenzielle Lebenserwartung, Leistungsfähigkeit, Alter, möglicher gesellschaftlicher Nutzen etc. Und es bedeutet, dass ein hilfreicher und sogar notwendiger Konsens kaum erzielt werden kann, wenn die Frage nach Wert jeweiligen Lebens aufgerufen wird.
Im Nachdenken über Leben und Tod behauptet der jüdische Naturwissenschaftler und Philosoph Jeshajahu Leibowitz die Unmöglichkeit des Abwägens über den Wert eines Lebens aus religiösen Gründen. Er verbietet gar das Abwägen, setze doch das Nichtwissen über die Grenze des Lebens der Frage nach dem Lebenswert eine grundsätzliche Grenze. Als Anmaßung bezeichnet er die Erwägung, ob ein Leben noch als Leben zu betrachten sei. Leibowitz erinnert dabei an einen Grundsatz der Halacha (gesetzliches System des Judentums): das Leben für einen Augenblick gilt wie das ganze Leben. Der Moment besitzt demnach die gleiche Würde und den gleichen Wert wie eine große zeitliche Spanne.

Quellen

Bobbert Monika, Annehmen, was nicht zu ändern ist-handeln, wo sich etwas ändern lässt, website Universität Münster, April 2020
Leibowitz Jeshajahu, Gespräche über Gott und die Welt, Frankfurt 1990
Schlink Bernhard, Die überforderte Menschenwürde, in: Vergewisserungen, Zürich 2005

Corona-Notizen

Ostern 2020

Schon früh –Anfang März 2020 (der erste Corona-Fall in Hessen am 28.II.) erfahre ich von der großen Sorge der kirchlichen Öffentlichkeitsarbeit, dass Kirche noch mehr an Bedeutung verlieren könnte, wenn sie nun ihr zentrales Ausdrucksmittel (Gemeinschaft, Austausch, Begegnung, nah beim Menschen) durch staatl. Auflagen der Beschränkung entbehren muss.
Um die Bedeutung der Kirche geht es also!
Und so wird digital aufgerüstet, weil dies der einzig verbliebene Zugang zu Menschen zu sein scheint: Zoom-Konferenzen / webinare / mail-Kontakte / streaming-Gottesdienste.
Und bei all dem werden sämtliche Datenschutzauflagen missachtet… und Gebote der Verschwiegenheit und Vertraulichkeit bleiben auf der Strecke.

In der Osternacht vergleicht Bedford-Strohm unser Leiden an Kontaktbeschränkung („Ostern so ganz anders; das, was uns immer so wichtig war, der Besuch bei Familie und Freunden, darf jetzt nicht sein…") mit dem Leiden Jesu und dem Leiden der Jünger*innen. Und damit versucht er, die Leidensgeschichte biblischer Erzählung ganz nah an die Erfahrungswelt heutiger Menschen in Corona-Zeiten heranzubringen nach dem Motto: „Seht, liebe Leute, bei allem, was euch gerade beschäftigt, haben wir als Kirche ganz viel zu sagen…"
Andere agieren mit simplen Analogien: „Schon damals war es gefährlich, nach draußen zu gehen, weil man nach der Kreuzigung Jesu am Karfreitag als Christ verfolgt und bedroht wurde."
Vernachlässigt wird die Logik. Vernachlässigt wird vor allem die Brisanz der Botschaft – wenn es eine Analogie gibt von heute und damals, dann wäre es der Hinweis auf vielfaches Leid religiös und politisch Verfolgter. Es müsste ein Gottesdienst in Zusammenarbeit mit amnesty international gefeiert werden.
Die Botschaft von Kreuz und Auferstehung wird gründlich verharmlost und dem Wunsch nach kirchlicher Bedeutung in dieser Zeit geopfert (ja: wieder ein Opfer!); sie wird reduziert als ein Lebenswort, das sich auf ein kleinbürgerliches Entbehren bezieht (Familie besuchen, sich berühren, Hände reichen…). Offenbart wird unter dem Strich die Scheinheiligkeit.

Wie wäre es mit einer Erinnerung an Gedanken von Klara Butting:
Sie entlarvt in einem Text der Evangelischen Kirche („Kirche der Freiheit, S.14ff), dass es nicht –wie behauptet- die Sorge um den Zustand der Welt und das Leben der notleidenden, marginalisierten Menschen geht, sondern letztlich um den Selbsterhalt der Organisation; sie entlarvt den Zynismus (Butting, Der das Licht und die Finsternis schuf, S. 143 ff.):
„Günstig" nennen die Verfasser/innen zu Beginn ihrer Überlegungen die gegenwärtige Situation der radikalen Globalisierung, weil die ungewissen persönlichen Lebenssituationen die Menschen von neuem nach Sinn und deshalb möglicherweise auch nach der Kirche fragen lassen. Das Wort „günstig" verrät die

Perspektive. Verheerende gesellschaftliche Entwicklungen werden günstig genannt, weil sie der Kirche möglicherweise Zulauf verschaffen. Im Zentrum stehen nicht die Not und die Liebe zu denen, die unter der Globalisierung leiden, im Zentrum steht die Sorge um das Wachstum der Kirche.
Und weiter:
Der Himmel ist kein nebulöses Jenseits, in dem mit ewigem Leben belohnt wird, wer an Jesus Christus glaubt. In diesem Zerrbild christlicher Zukunftserwartung spiegelt sich das Zerrbild einer Kirche, die nicht die Welt, sondern sich selbst als Geliebte Jesu wähnt. Das von der Erde losgelöste Jenseits kennzeichnet die Spiritualität einer Kirche, der in ihrer Sorge um die eigene Bedeutung die Sorge um die Welt in den Hintergrund gerückt ist.

April 2020

Die Krise ruft in vielen Bereichen ein Wahrheitsregime auf den Plan, dessen diskursive Grundlage die vorgebliche Alternativlosigkeit ist.
Die Seuchenzeit zeigt eine Gouvernementalität im Stil der von Foucault so genannten *Bio-politik*, einem Regime der Körpertechniken mit seinem normativen Protokoll der Sicherheit (wer darf wo leben – Einwanderungspolitik? / wer darf sich wo bewegen? / wie viele Personen dürfen sich gleichzeitig an einem Ort aufhalten? etc.), der Kontrolle, der öffentlichen Ordnung –der als „alternativlos" angesehenen Entscheidungen (diskursive Elemente eher verhindert; Ausschlussprozeduren z.B. in Konferenzen; begünstigt durch Zoom-Format, bei dem direkte Kommunikation (man ist eben nicht in einem Raum an einem Tisch) reduziert ist).
Differenzierte Überlegungen im Zuge der Urteilsbildung werden durch absolut gesetzte Ziele unterbunden; autoritärer Stil greift um sich, Unterwerfungs-forderungen erlangen Selbstverständlichkeit.
Ausgangsbeschränkungen sorgen für vereinzelt verortete Körper, was von großen Bevölkerungsanteilen durchaus als Prekarisierung erlebt wird:
-nicht „systemrelevant" zu sein kann heißen, bedeutungslos zu sein.
-Isolation verstärkt bestehende Gefühle von Einsamkeit / sozialer Tod
Zugleich wird gerungen um die der Biopolitik entsprechenden Widerstandsformen; die öffentliche Inszenierung der Körperlichkeit, wo in Begegnungsverboten die durch Digitalisierung ohnehin wachsende körperlose Gesellschaft ihren Lauf hat. (etwa: performative Demonstrationscharakter, die aufgrund von Sicherheitsdispositiven untersagt sind).

Biopolitik zielt auf Körperpraktiken:
-Schutz und Sicherheit sind wesentliche Dispositive
-Ewige Jugend, Gesundheit u. Fitness sind gesellschaftlich hochrangige Werte
-Ernährung -vor allem bio u. gesund- beschäftigt
-Bewegung und Mobilität sind in einer Gesellschaft, die hohe Flexibilität fordert, wichtige Themen. Bewegungsprofile und Kontaktketten sind von Interesse.
-Migrations- u. Einwanderungspolitik bindet Entscheidungen an körperliche Merkmale wie Hautfarbe oder Verhüllung des Körpers, Begrüßungsrituale und

Umgang mit Nacktheit als Hinweis auf andersartige Kultur – Ablehnung bei Fremdheit!
-Über Apps werden Gesundheitsdaten erfasst und an Krankenkassen gegeben (evtl. Bonus f. besonders auf ihre Gesundheit bedachte Bürger*innen).
Die Bereitschaft zur „Daten*spende*" –so der offizielle Begriff- ist hoch. Schon vor Corona hatten die Nutzer*innen von sog. Wearables keine Bedenken gegen Sammlung und Weitergabe der Daten –man erhofft sich Sicherheit und Lebensqualität durch ein digitales Frühwarnsystem.
Nun, in Corona-Zeiten, werden die Datenschutzkriterien komplett gekippt (in Veröffentlichungen und Empfehlungen der Kirche, die derzeit insbesondere auf digitale Wege angewiesen ist, werden die Datenschutzbestimmungen als „nachrangig" bezeichnet).

Der digitale Kapitalismus gibt zunehmend ungebremst die Regeln aus, weil die digitalen Techniken die Mittel zur Verfeinerung der Biopolitik liefern. Bewegungsdaten in Kategorien von Ort, Zeit und Beziehungen gewährleisten Kontrolle.
Im Gefolge der Botschaft „Bleibt zuhause" und „Haltet Abstand" droht die beschleunigte Digitalisierung unserer Gesellschaften das gesamte Sozialverhalten zu verändern.
Das Mobiltelefon wird nicht nur nützlich sein, sondern vorgeschrieben als Zahlungsinstrument, weil Bargeld als Virenträger gefährlich ist für die Gesundheit des Volkskörpers. Zugleich wiederum ein gutes Kontrollinstrument, weil das Recht, keine Spuren zu hinterlassen, zunehmend obsolet geworden ist (In Paris überwachen Drohnen Stadtbezirke; in Südkorea –einem vorbildlich erfolgreichen Land im Kampf gegen Corona- melden Sensoren den Behörden, wenn jemand erhöhte Temperatur hat).
Die Netzwerktheorie der Anbieter wie z.B. Facebook bedient biopolitische Interessen der Regierung: wie sind Menschen miteinander verbunden und wie entwickeln sich gewisse Dinge (Informationsweitergabe, Handlungen, Krankheiten…) entlang dieser Verbindungen?
Hier gestaltet das von Foucault bezeichnete Regime über Menschen und Dinge seinen Zusammenhang.
Die Formierung der Disziplinargesellschaft ist unter Krisenbedingungen erfolgreich.
Der Druck der Krise, der schnelles Handeln erfordert, eröffnet mächtigen Akteuren die Möglichkeit, ich neue Datenquellen zu erschließen.

Und eine weitere Feststellung:
In zahlreichen Sondersendungen wird glauben gemacht, die Corona-Krise schaffe eine komplett neue Welt mit komplett neuem Alltag und sei Ursache vieler Problemphänomene (auch kirchliche Vertreter agieren entsprechend, weil damit die Chance auf die eigene Bedeutung in Krisenzeit steigt).
Dabei handelt es sich aber um gefährliches Fehlurteil –
Fehlurteil deshalb, weil die Seuche nicht Grund und Auslöser bestimmter Phänomene ist, sondern Bestehendes in der Gesellschaft bestenfalls stärker ins Bewusstsein bringt und *gefährlich* deshalb, weil es erstens Menschen bestimmter beruflicher Profession

(z.B. Pfarrer*innen) den Eindruck vermittelt, sie seien mit der Ressource bisher gemachter Erfahrung und Kenntnis nicht ausreichend geeignet und es müssten komplett neue Konzepte für den Umgang mit Phänomenen erarbeitet werden und weil es zweitens –was noch schlimmer ist- die auch ohne Corona-Zeit bestehenden gesellschaftlichen Probleme an die gegenwärtige Seuchenkrise bindet und diese voraussichtlich nach Abklingen der Krise wieder dem Vergessen anheimfallen lässt.

Leserbrief im April 2020
Das Interview mit der ehrenamtlichen Telefonseelsorgerin macht deutlich, was generell für Krisenzeiten gilt: sie bringen wenige neue Phänomene im gesellschaftlichen Leben hervor; vielmehr rücken sie bestehende Probleme deutlich ins Bewusstsein. Suizidäußerung und Einsamkeit sind klassische Themen der Telefonseelsorge; sie verstärken sich in diesen Zeiten.
Gleiches gilt für andere Miseren. Seit langem ist bekannt und wird gefordert, dass Schultoiletten an vielen Orten dringend zu sanieren sind. Auf einmal könnte es nun die Wiederaufnahme des Schulbetriebs hindern. Dass es in der Republik an Frauenhäusern und deren Unterstützung mangelt, wurde immer wieder angemahnt. Nun, da in Corona-Zeiten häusliche Gewalt vermehrt um sich greift, wird auch an dieser Stelle offenbar, was lange geleugnet oder als zweitrangig erachtet wurde. Unangenehme Themen, die unter den Teppich verbannt wurden, werden plötzlich zu Stolperfallen. Nun treten all diese Themen alltäglich ans Licht und müssen ins rechte Verhältnis von Ursache und Wirkung gesetzt werden.
(veröffentlicht: brief des tages, taz am 23.April 2020)

Mai 2020

Viele Menschen werden ins homeoffice geschickt und es ist zu erwarten, dass nach Corona dieser Trend bestärkt wird. Im Interview erinnert der DGB-Vorsitzende an die Forderung der Gewerkschaften, jeder Arbeitnehmer müsse ein homeoffice-Recht haben.
Zugleich gibt es aber auch Studien darüber, was das homeoffice negativ bedeuten kann für die Trennung von Beruf und Privatbereich. Homeoffice erfordert ein hohes Maß an Disziplin, um nicht permanent Überstunden zu machen und schließlich nur noch im Dienst zu sein. Die Gefahr des Zugriffs der Firma auf den / die Arbeitnehmer/in steigt. Und zuletzt fördert das homeoffice die Individualisierung; möglicherweise die Vereinsamung, wenn der Gang zur Arbeit ins eigene Büro wegfällt. Haben eigentlich alle Berufstätigen eine ausreichend große Wohnung, um zuhause ein Arbeitszimmer einzurichten.
Und noch eine Beobachtung: homeoffice –das zeigt sich in Corono-Zeit- fördert die inzwischen so beliebten Zoom-Konferenzen (man muss ja vernetzt bleiben) und damit den Blick in die Privatsphäre, die sich dem öffentlichen Auge preisgibt.
Und sogleich träumt mir in der Nacht vom 01. auf den 02.Mai, mein Vorgesetzter bewege sich ungeniert in meiner Wohnung. Unklar, wie er eigentlich Zutritt erhalten hat, wo ich ihn weder hereingebeten noch hereingelassen habe. Bald ist er in meiner Küche beschäftigt, öffnet meinen Kühlschrank und entnimmt Lebensmittel, bedient

sich bei Zutaten und Gewürzregal, gießt sich einen Sherry ein. Er drückt gerade den Schalter der Dunstabzugshaube, als ich ihn entgeistert frage, was er da macht. Und ganz lapidar, wie beiläufig antwortet er, er brate sich ein Schnitzel.

Juni 2020

Vertretungsdienst in einer Frankfurter Kirchengemeinde; am Gottesdienst nehmen 16 Personen teil- eine „kleine" Gottesdienstgemeinde und nach aktueller Sichtweise kaum effizient; Zeitaufwand für Vorbereitung steht kaum im Verhältnis. So geht der kirchliche Trend dahin, zentrale Gottesdienste an zentralen Orten in professioneller Gestaltung anzubieten. Hierbei geht es eher um die Frage der Effizienz als um die Frage nach dem Wesen des Gottesdienstes.
Da die Gottesdienste während der Corona-Zeit nicht dem üblichen Ablauf folgen, sondern mit verkürzter Liturgie gefeiert werden (um Schutzkonzept einzuhalten), bringt sich die Kirchenmusik in besonderer Weise ein. In diesem Fall: Die Organistin, Frau K., hat gemeinsam mit einer Flötistin ein anspruchsvolles Programm mit fünf Stücken vorbereitet, das nun in hingebungsvoller Art engagiert vorgetragen wird und den Gottesdienst bereichert.
Die beiden Musikerinnen „arbeiten" an diesem Sonntag unbeirrt von der geringen Teilnehmenden-Zahl; sie spielen ihre Musik…

Oktober 2020

Nachdem im Sommer die Infektionszahlen sehr gering waren und die Bevölkerung das Thema „Covid 19" schon zu den Akten gelegt hat, gibt es nun seit etwa drei Wochen einen heftigen Anstieg (ca. 15000 Neuinfektionen täglich) –wie von den Virologen für den Herbst prognostiziert. In Deutschland wird versucht, die Beatmungsplätze stabil zu halten; in Frankreich gibt es einen erneuten Lockdown; nahezu ebenso in Italien und Spanien. Belgien und die Niederlande verzeichnen katastrophale Infektionswerte wie auch Tschechien.
Nun hat gestern die Bundesregierung einen Teil-Lockdown beschlossen: der Freizeitbereich mit Gaststätten, Theater, Kino, Fitness-Studios und Sporthallen (-plätzen) ist dicht; Betriebe, Schulen, Kitas und Geschäfte sind weiter offen.
Heute in der Frühkritik in HR2 –es ging um einen neuen Kinofilm- zeigt die Moderatorin die verbreitete Haltung, die u.a. für die steigenden Zahlen verantwortlich ist. Sie sagt nach Besprechung des Films: „Mit Blick auf die beschlossenen Beschränkungen am kommenden Montag sollten wir die nächsten Tage nutzen und ins Kino gehen." Als richte sich die Infektionsgefahr zeitlich nach Regierungs-beschlüssen…

Und nebenbei sind neue Hilfspakete für angeschlagene Unternehmen in Planung. Wo im marktwirtschaftlichen System als oberste Regel gilt, dass der Markt alles reguliert und der Staat sich aus der Steuerung herauszuhalten hat, ruft es in krisengeschüttelter Zeit nach dem Staat (siehe: Bankenrettung in der Finanzkrise 2008/2009). Wo in fetten Jahren die Gewinne an Vorstandsboni und Aktionäre verteilt werden, ist nun in der

Krise nichts auf der hohen Kante. Müssen denn keine Rücklagen gebildet werden als Sicherheit für magere Jahre? So ist erneut die kapitalistische Maxime zu studieren: Gewinne werden privatisiert, Verluste werden auf die Allgemeinheit umgelegt.

November 2020

Während der Supervision berichtet eine Kollegin, dass der Gottesdienst zum Ewigkeits- Sonntag in diesem Jahr digital angeboten wird. Es ist anders nicht möglich, weil sie sonst wegen der Beschränkung hinsichtlich der Gruppengröße etwa 8 Gottesdienste nacheinander halten müsste –und das im Freien mit hoher Erkältungsgefahr. Also wird der Gottesdienst ins Netz verlegt. Aber auch da gibt es Beschränkung; und zwar durch den Datenschutz: es dürfen keine Namen genannt werden! So entfällt also im Gedenkgottesdienst für Verstorbene die Lesung ihrer Namen…

November 2020

Ein Impfstoff ist angekündigt; womöglich für Februar 2021. Die Mainzer Firma *Biontec* hat in Kooperation mit einem amerikanischen Unternehmen Fortschritte erzielt. Und sofort steigt die Hoffnung, dass das Leben dann wie zuvor fortgesetzt werden kann – endlich – und die Talkrunden diskutieren reflexhaft darüber, wer wann wo als erstes geimpft werden kann, darf, soll…

In Ninive hat man das eigene Gewissen befragt, in Pestzeiten hat man nach Schuld gefragt und heute fragt man nach reibungslos ungeschmälerter Fortsetzung früherer Lebensmuster.

Dezember 2020

Ein leichter Lockdown wird verordnet, „damit das kommende Weihnachtsfest nicht das letzte mit Opa und Oma wird“, wie die Kanzlerin sagt. Wie in jedem Jahr, nur noch mehr, wird der Begriff der Familie überstrapaziert.

Zuversichtlich stimmt, wie die zunächst fast hysterische Begeisterung für digitale Zusammenkünfte allmählich ein vernünftiges Maß findet. Die virtuellen Räume sind in diesen Notzeiten mit ihren Beschränkungen vor allem im sozialen Kontakt eine Hilfe, aber sie ersetzen nicht die wirklichen Räume, in denen sich Menschen normalerweise treffen wollen, wie es soziale Wesen eben tun. Über Digitalisierung (die technischen Möglichkeiten und ihre Umsetzung) ist viel gesprochen. Das Nachdenken über Digitalität (die kulturellen Auswirkungen der Digitalisierung) beginnt.

Januar 2021

Trotz verordneter Lockdown-Maßnahmen seit Mitte Dezember sinken die Infektionszahlen kaum. Dafür gibt es inzwischen zwei zugelassene Impfstoffe und ein Konzept zur Priorisierung und Durchführung der Impfungen (zuerst Hochrisikogruppen in Pflegeheimen und Kliniken und entsprechendes Personal).

Nur fünf Beobachtungen:
1.Die Sommermonate wurden reichlich verschlafen. Obwohl vor der zweiten Welle deutlich gewarnt wurde, ist es den politisch Verantwortlichen nicht gelungen, z.B. Schulen für den Start nach den Ferien zu rüsten (z.B. durch Bereitstellung von Luftfiltergeräten). Dazu kommt, dass Lockdown-Maßnahmen im Herbst kaum mehr nachvollziehbar sind und auch deshalb die Stimmung in der Bevölkerung brisant wird: Gaststätten müssen schließen; Betriebe nicht / In der Schule sind die Kinder am Vormittag auf engem Raum in der Klasse; am Mittag dürfen sie nur eine/n Freund/in zum Spielen treffen...
2.Immer lauter wird die Klage darüber, dass Entscheidungen über erhebliche Einschränkungen bürgerlicher Rechte keine Debatte im Bundestag vorausgeht, sondern allein die Kanzlerin-Runde mit Regierungsvertretern und Ministerpräsident* innen berät. Dazu tritt in Corona-Zeiten immer deutlicher zutage, dass politische Diskurse schon seit geraumer Zeit aus dem Parlament in die TV-Talkrunden verlegt wurden. Was dort besprochen und ausgesagt wird, findet zwingend Eingang in die Nachrichten am kommenden Tag.
3.Als endlich ein Impfstoff zur Verfügung steht, beginnt in der Bevölkerung sofort die Diskussion darüber, ob nicht Ungerechtigkeit entsteht, wenn einzelne Personengruppen bevorzugt geimpft werden und damit womöglich einen „Vorteil“ erzielen. Die Medien heizen wie schon im Frühjahr die Debatte mit entsprechenden Sondersendungen an.
4.Obwohl alle Skilifte, Toiletten und Kioske in entsprechenden Gebieten wie Taunus und Harz geschlossen sind, ziehen die Menschen nach Weihnachten mit ihren Autos los, stellen sich stundenlang in den Stau, parken regelwidrig und halten sich am Rodelberg oft ohne Masken eng beieinander auf. Wie kann man sich das Verhalten erklären? Und die Folge? Kanzlerin und Ministerpräsident*innen-Runde beschließen den härteren Lockdown; teils um geschilderte Szenen zu unterbinden und mehr noch aus Angst, weil mutierte Viren, die noch ansteckender sind, aus England angekommen sind.
5.Politik und Wirtschaft rangeln um eine Homeofficepflicht. Das Homeoffice ist aus Sicht der Epidemiologie, Ökologie und Kinderbetreuung sicher eine gute Idee. Wir müssen uns nur vorsehen, dass nicht eine infantilisierte Gesellschaft zurückbleibt. Haben wir nicht damals zu Hause im Kinderzimmer Büro gespielt...

Manche Leute sagen mir in dieser Zeit, es sei gerade gar nicht so einfach, auf Gott zu vertrauen. Sie sagen es in persönlichen Treffen, am Telefon, in schriftlichen Mitteilungen. Sie schauen sich um auf den täglichen Nachrichtenseiten und meinen nicht nur den Alltag mit Covid 19.
Und ich höre mich sagen: „Gottvertrauen? Wann, wenn nicht jetzt!“

Printed by Books on Demand GmbH, Norderstedt / Germany